新しい経営学 ❷

自分で企業をつくり、育てるための
## 経営学入門

起業戦略を考える

齊藤毅憲・渡辺 峻 編著

文眞堂

## 生きるために学び、学ぶために生きよ

　本書は、生き学（イキガク）としての「新しい経営学シリーズ」の第2巻である。ここでは、「雇われて働く」ことと同時に、「起業して働く」ことも重要である、という問題意識のもとに、個人のキャリア形成との関係から起業戦略を考察している。

　1990年代初頭のバブル経済の崩壊のあと、日本企業は深刻な不振状態におちいり、大企業も中小企業も、その経営は著しく悪化した。その結果、日本企業は、「エクセレント・カンパニー」（超優良企業）の座から転落し、また、日本経済は、「失われた10年」などとも呼ばれた長期にわたる低迷が続き、その後遺症はいまも継続している。

　この状況を克服するには、産業構造の再編成や企業の事業再構築（リストラクチュアリング）などの実行とともに、起業・創業・ベンチャービジネスの振興が求められている。もちろん、既存の大企業や中小企業の持続的な成長・発展は重要な課題ではあるが、それとともに、新規の起業やベンチャービジネスの創出は、組織・技術・市場に大きなイノベーション(革新)をもたらし、新たな雇用の場をつくり、経済の活性化と成長に大きく貢献し、地域社会の衰退を阻止する可能性がある。それは要するに、閉塞感のある現状を打破し、21世紀の未来を開拓することにもなるであろう。

　他方、個人にとって「起業して働く」ことは、キャリア形成の有力な選択肢になっている。すでに大企業神話は崩壊し、労働力市場の流動化が進み、集団主義的な組織風土の限界が露呈しているなかでは、もはや、「雇われて働く」ことがすべてではない。既成概念を打ち破るような新しい起業の創出・推進は、個々人の新しい生き方・働き方でもある。

　これまで、起業支援やベンチャービジネスの振興が叫ばれてきたが、その成果については、必ずしも肯定的な評価だけではなく、疑問視されることも多い。しかし、今後も、起業推進の必要性は高まることはあっても、低下することはないであろう。

　本シリーズ第1巻においては、働く個人の自立と成長に焦点をあて、キャリア戦略を問題にしたが、そこでも、キャリアの有力な選択肢のひとつとして、「起業」をとりあげて議論を行った。そこでみたように、起業の主体は最終的には個人に帰着するから、起業の振興・推進もまた、個人のキャリア戦略と切り離すことはできない。その意味において、本書もまた、その基本的な立場は、個人が「いかに生きるか」という、「生き学としての経営学」である。

　本書を通じて学生の皆さんが、卒業後の進路として、「雇われて働く」ことがすべてではなく、「起業して働く」ことも有力な選択肢であることを少しでもイメージできて、起業に対する興味・関心が深まったとすれば、編者としてこれに勝る喜びはない。本書によって、起業の意義や方法についての学習が深まり、起業プランを作成して、ぜひとも、

第一歩を踏みだしてほしい、と思っている。

　本書は、教科書づくりの改善を試みている。編者らは、『はじめて学ぶ人のための経営学入門』、『はじめて学ぶ人のための人材マネジメント入門』（いずれも文眞堂）で、アクティブ・ラーニングの立場から、学生の積極的な参加をうながすようなスタイルをとったが、本書も、これと同じ立場で作成した。学習内容の整理だけでなく、考えたり、調査する課題にチャレンジできるように作成し、学生諸君の学習支援に配慮している。

　本書刊行のキッカケは、全国ビジネス系大学教育会議における最新の議論であり、そこから多くを学んでいる。この機会に、これまで、ともに親しく学んできた先輩・友人の諸氏に感謝を捧げたい。

　本書の記述は、多くの貴重な先行研究を参考にしているが、読みやすさやわかりやすさを追求した講義テキストであるので、煩雑さを避けるために脚注スタイルはとっていない。この点をあらかじめお断りし、関係各位のご理解を頂戴したい。

　終りになるが、新しい挑戦的な試みに対して暖かいご理解を示し、本書刊行の機会をくださった文眞堂には、心から感謝している。とくに、格別のご高配をいただいた前野隆社長、前野眞司編集長に感謝の意を表明したい。また、編集実務で種々お世話になった、山崎勝徳さんに厚く御礼申し上げたい。

2016年12月<br>
齊藤毅憲・渡辺　峻

# 目次

生きるために学び、学ぶために生きよ……………………………………………… i

## 第1章　キャリアの選択肢としての「起業」……………………………………… 1

### 第1節　「雇われて働く」というワーキング・スタイル　1

(1) 雇用の吸収力に貢献した企業の発展　1
(2) 依存関係が強かった企業と人的資源　2
(3) 「ワーキング・スタイル」見直しの背景　3

### 第2節　起業人材に求められる要件　5

(1) 起業人材の行動特性　5
(2) 起業家に求められる3要件　5

### 第3節　起業を支えるビジネス経験　7

(1) ビジネス経験から得られるもの　7
(2) 「インダストリー・パス」による起業の可能性　8
(3) 「失敗」から学ぶことの重要性　8

### 第4節　まとめ　9

**経営学のススメ①**
若者よ！　起業への挑戦を考えてみよう！　13

## 第2章　あなたも起業ができる―事例から学ぶ……………………………………15

### 第1節　成長志向のベンチャービジネスの事例　15

(1) 全員の幸福を追求する「レバレジーズ社」　15
(2) 業界ナンバーワンを目指した「ディー・エヌ・エー社」　16
(3) 大学から生まれた「ユーグレナ社」　17
(4) 既存企業から生まれた「スマイルズ社」　17
(5) ベンチャービジネスの類型　18

## 第2節　「身のたけ」起業の事例　18

(1) 副業から生まれた手染めの店「CIELO」　18
(2) 「生き方への疑問」から生まれた「Cerca Travel 社」　19
(3) 転勤から生まれた市場（いちば）の古本屋「ウララ」　20
(4) 「身のたけ」起業と生きがい　20

## 第3節　社会起業家の事例　20

(1) 病児保育問題に取り組む「NPO法人フローレンス」　20
(2) 児童の人権問題に取り組む「NPO法人かものはしプロジェクト」　21
(3) 健診弱者を救う「ケアプロ株式会社」　22
(4) ビジネスと社会的な課題の解決　23

## 第4節　まとめ　23

**経営学のススメ②**
女子学生の起業事例　27

# 第3章　「起業」をうながす推進要因　29

## 第1節　キッカケの意味と多様性　29

(1) 推進要因としての「キッカケ」　29

## 第2節　推進要因の主な分類　30

(1) 分類の基準と内容　30
(2) 内発的な要因の事例　31
(3) 外発的な要因の事例　32

## 第3節　ふたつの転機からみた起業　34

(1) 転機の意味とタイプ　34
(2) 「不満の解消行動」としての起業　34
(3) 「チャンスの活用行動」としての起業　35

## 第4節　女性による「起業」の推進要因　36

(1)　女性の進出と就業を抑制している環境　36
　　(2)　女性起業の推進要因　36

第5節　まとめ　37

**経営学のススメ③**
**企業経験を活かす起業　41**

## 第4章　起業の主な形態と効果 …………………………… 43

第1節　起業の形態　43

　　(1)　3つの起業タイプ　43
　　(2)　新規企業の設立による起業　44
　　(3)　既存企業の購入・買収による起業　44
　　(4)　フランチャイズ・チェーンへの参加　45

第2節　起業することの個人にとっての効用　46

　　(1)　経験による自己成長　46
　　(2)　自活と自立志向のキャリア開発　47
　　(3)　自己実現と社会貢献につながる起業　47

第3節　起業のもたらす社会的な意味　48

　　(1)　雇用の創出効果　48
　　(2)　イノベーションの推進　48
　　(3)　地域経済の活性化　49
　　(4)　経済成長への貢献　50
　　(5)　「働き方文化」へのインパクト　50

第4節　まとめ　51

**経営学のススメ④**
**元祖・学生起業家の経営理念―堀場雅夫の「おもしろおかしく」　55**

## 第5章 起業機会の発見 …………………………………………57

### 第1節 起業機会の意味 57

(1) ビジネス・チャンスの一種 57
(2) チャンスのない時代か 58
(3) 起業機会のもうひとつの源泉としての「自己」 59
(4) 起業機会の枠組 59

### 第2節 環境における起業機会 60

(1) "無限"にある起業機会 60
(2) チャンスとしての多様化する社会問題と「社会起業家」の台頭 61
(3) 衰退産業における起業機会 62
(4) 起業後の制約要因としての市場の大きさ 62

### 第3節 「自己」のなかにある起業機会 63

(1) 自己への「信頼」の重要性 63
(2) 高等教育機関で学習したもの 63
(3) 起業機会としての仕事上の経験 64
(4) 資格や趣味などの活用 64

### 第4節 おわりに 65

**経営学のススメ⑤**
起業の成功はどのようにしたら可能になるのか 69

## 第6章 起業を実現するための要因 ……………………………71

### 第1節 資質論と状況論 71

(1) 資質論的なアプローチ 71
(2) 状況論的なアプローチ 73

### 第2節 類型論的なアプローチ 73

(1) イノベーション／経営モデル 74

(2)　資質を補う起業チーム　75
　(3)　パートナーのいないケース　75
　(4)　状況論と類型論的なアプローチとの関係　76
　(5)　ツーリズム・エッセンシャルズの事例　77
　(6)　関係づける能力の重要性　78

## 第3節　まとめ　79

**経営学のススメ⑥**
**失敗を許せる経済社会へ　83**

# 第7章　起業プランの作成　……………………………85

## 第1節　起業プランの意味　85

　(1)　起業プランの読み手と目的　85
　(2)　主な内容項目　86

## 第2節　経営戦略の枠組みと起業プラン　87

　(1)　経営戦略の基本的な枠組み　87
　(2)　事業と起業のちがい　88

## 第3節　ビジネスモデルの意味　89

　(1)　製品を届ける仕組み　89
　(2)　顧客価値を生みだす仕組み　90
　(3)　アウトソーシングの発想　91

## 第4節　マーケティング戦略の重要性　91

　(1)　マーケティング戦略の枠組み　91
　(2)　起業機会を生みだす仕組み　92
　(3)　夢を実現する仕組み　92
　(4)　修正の必要性　93

## 第5節　まとめ　93

**経営学のススメ⑦**
**構想と実行の統一**　97

# 第8章　起業家としてのインディペンデント・コントラクター……99

## 第1節　「雇わず、雇われない」というワーキング・スタイル　99

(1)　ICの定義　99
(2)　3つの特徴　100
(3)　正社員やパートタイマーとのちがい　101

## 第2節　ICの事例　102

(1)　税理士の事例　102
(2)　マネジメント・コンサルタントの事例　102
(3)　地域密着のアーティストの事例　102

## 第3節　企業組織からの自立　103

(1)　ICが注目される理由　103
(2)　専門性をもつ正社員の悩み　103
(3)　専門職制度の有効性と弱点　104

## 第4節　ICの問題点　104

(1)　専門職への誘惑　104
(2)　従業員雇用の誘惑　104

## 第5節　信頼できるパートナーとのネットワークづくり　105

(1)　パートナーになりうる人材　105
(2)　パートナー関係の意味　106
(3)　ネットワークづくりの要点　106

## 第6節　まとめ　107

**経営学のススメ⑧**
**組織風土の改革**　111

# 第9章　「起業家社会」のための起業支援 ……………………………… 113

## 第1節　起業を支援する環境整備　113

(1) 支援の主体と内容　113
(2) 「支援ブーム」から「本格的な起業ブーム」へ　114

## 第2節　「起業家社会」への移行を制約するもの　115

(1) 少ない大企業からの独立・自立志向　115
(2) ビジネス・パーソンへの起業のすすめ　116
(3) 若者をめぐる状況　117

## 第3節　横浜市の起業支援の事例　118

(1) 女性起業家の育成・支援　118
(2) 研究開発型ベンチャービジネスの支援　120
(3) 社会起業家の育成・支援　120

## 第4節　まとめ　121

**経営学のススメ⑨**
ベンチャーキャピタリストによる「伴走型支援」　125

# 第10章　経営学と起業 ……………………………… 127

## 第1節　企業というコンセプト　127

(1) 企業という組織体の特性　127
(2) 経営面からみた企業の成長　130
(3) スモール・ビジネスの限界　131

## 第2節　企業における経営の役割　132

(1) 事業の実施と推進　132
(2) 「サクシード」としての経営　132
(3) 変革力が期待される経営　133

## 第3節　企業と経営、そして起業　133

(1) 「起業」をとりあげてこなかった経営学　133

(2) 創業と守成のどちらがチャレンジングか　134

(3) 起業と経営の関係　134

## 第4節　まとめ　135

**経営学のススメ⑩**
どう考える？　経営者・管理者と企業家、そして起業家　139

**経営学のススメ⑪**
ビジネスの哲学―事業・企業における相反するふたつの条件の克服―　141

◆ グロッサリー（用語解説）……………………………………………143
◆ さらに進んだ勉強をする人のための読書案内………………………149
◆ 索引………………………………………………………………………150

## 《One Point Column》

- ▶ 「生き学（イキガク）・経営学」の対象としての起業　9
- ▶ 起業プランの必修科目化を！　23
- ▶ やってみよう！　キャンパス起業体験　37
- ▶ 環境に起業機会を見つけよう！　51
- ▶ 起業プランのコンテストに参加しよう！　65
- ▶ 大学発ベンチャーの推進を！　79
- ▶ 大学VC（ベンチャーキャピタル）　93
- ▶ 増加する合同会社の設立！　107
- ▶ インキュベーション施設　121
- ▶ 女性のビジネス相談員を増やそう！　135

# 第1章
# キャリアの選択肢としての「起業」

1990年代初頭におけるバブル経済の崩壊後、長期にわたって日本経済は低迷し、産業の再編成や事業の再構築などが推進されてきた。労働力市場は流動化し、非正規雇用者が増加して、企業の人材マネジメントも大きく変容した。さらに、地域社会の衰退の進行、少子高齢化などと相まって、日本の企業社会の先行きは不透明である。

このようななかで、個々人には新しい働き方・生き方の選択が問われている。そして、その有力なキャリア選択肢のひとつとして、起業家精神（アントレプレナーシップ）を高揚させて、「起業して働く」ことが浮上している。

本章では、このような動向を念頭にいれて、起業の問題を個人のキャリア形成との関係から考えたい。読者の学生の皆さんは、当面は「雇われて働く」としても、将来は「起業して働く」ことも視野にいれ、起業を自分のものとしてとらえ、キャリア形成することを期待したい。

本章を学習すると、以下のことが理解できるようになる。

① 昨今の経済動向のなかでは、「雇われて働く」というワーキング・スタイルがすべてではなく、「起業して働く」ことも有力な選択肢であること。
② 起業する人材に求められる要件は、目標達成に強い欲求をもつだけでなく、強固な自律性・自発性と危険を恐れない性格の人間であること。さらにいえば、経験も大切であること。
③ 起業の推進には、「失敗」を含めたビジネス経験から学ぶとともに、失敗しても、やり直すことができる社会にすること。

## 第1節 「雇われて働く」というワーキング・スタイル

### (1) 雇用の吸収力に貢献した企業の発展

「雇われて働く」ことは、歴史を振り返れば、江戸時代の商人・商家においても見られた。しかし、それが広く社会的な現象になるのは、明治維新以降の、近代資本主

義の成立・発展の過程においてである。すなわち、明治政府の「殖産興業」のもとで、多数の企業家が歴史の舞台に登場したが、同時に、他面において、「労働力以外に売るべきものがない賃金労働者（プロレタリアート）」が輩出され、生きるためには企業家に「雇われて働く」ことになった。

やがて資本主義が成熟し、大企業・大工場が多く生まれるにつれて、賃金労働者の数も急速に増加していった。当時の社会では、小売業・自営業・商店を営んで働く人びとも少なくなかったが、それでも圧倒的な多数派は、半封建的な地主制度のもとで、小作人として働く農業従事者（農民）であった。その状況は、第二次世界大戦後（1945年以降）まで続いた。

戦後の占領政策のもとで、種々の民主化措置とともに、農地改革が実行され、小作人制度も消失した。また、戦時下で壊滅状況になった経済は、復興の道を歩み始めた。企業活動が本格的に再開され、「奇跡の復興」を遂げた。そして1955年代の生産性向上運動のもとで、経済成長が顕著となり、高度経済成長期に移行した。

企業の成長のためには、巨額の資本が必要となり、それは金融機関からの借り入れと、株式市場からの調達でまかなわれた。また、企業の成長には、大量の人的資源（人材、ヒューマン・リソース、労働力）が不可欠であったが、多くの若者たちが地方の農村を離れて都市の企業・工場に出向き、「雇われて働く」人びとになった。

こうして、高度経済成長期に、産業は重化学工業・製造業を中心に発展して、賃金労働者は増加したが、同時に他面では、農業は衰退の道を歩みはじめ、農業従事者は減少していった。その結果、日本社会全体の多数派が、「労働力を売って生きる賃金労働者」になった。これは歴史的に大きな変化であった。それ以降、「雇われて働く」かたちが、働くことの一般的なイメージになり、広く定着した。

また、当時の多くの大学では、企業側のニーズに応えるかのように、経営学部などのビジネス系学部が多数設置され、卒業生たちの大部分は、会社に就職して、サラリーマン・俸給生活者・会社員となった。そして、「安定した大企業に就職したい」という「大企業志向」や、「大企業なら安心だ」という「大企業神話」が生まれた。

こうして、社会全体における「雇われて働く」人びとが大規模に形成された。

(2) **依存関係が強かった企業と人的資源**

「雇われて働く」というワーキング・スタイルが確立・定着する過程で、多くの企業組織は、雇用した人びとを企業内に長期に定着させるために、終身雇用・年功序列

という独特の雇用慣行を実践してきた。

終身雇用とは、厳密にいえば「死ぬまで雇用する」ことであるが、実際は「定年までの長期にわたり雇用する」ことを意味している。しかし、1950年の男性の平均寿命は58歳であり（厚生省調べ）、他方、当時の企業の定年は55歳であったから（1970年代に至るまで）、「終身雇用」という表現はあながち誇張でもなかった。

また、年功序列とは、定年まで勤務することを前提に、学歴や勤務年数など、属人的要素により給与・職位などの処遇を決める雇用慣行である。したがって、多くの従業員は、「会社に滅私奉公し、長期に勤務すれば、昇進・昇給する」ので、「会社と一体化して、大過なく定年まで勤めあげる」ことが美徳とされた。

つまり、従業員が企業に全人格的に依存し、滅私奉公的に働くというワーキング・スタイルが展開された。その結果、従業員は、自分の所属する「わが社」に対する忠誠心や一体感は強いものの、同業者には極度に競争的・排他的になり、地域社会にはほとんど関心をもたない「会社人間」になってしまった。

そして、多くの従業員にとって、「自分のキャリアやライフは会社に任せる」時代であった。そのため、個々人が自立的、主体的に自己のキャリアを考えるという志向性は希薄であった。かくして、個人の企業依存を重視する経営家族主義的なカルチャー（文化）が、「雇われて働く」人びとの間につくりあげられた。

### (3) 「ワーキング・スタイル」見直しの背景

1990年代に入ると、バブル経済が崩壊した。すなわち、経済が実体以上にふくれあがり、水に浮かぶアブクのようになったが、それもやがてはじけてしまった。そして、それまでの日本企業の優秀性や力強さの代名詞であった「日本的経営」は、すぐれた経営モデルとして世界的な注目と評価をうけたが、これにより大きく揺らぎ、「エクセレント・カンパニー（超優良企業）」の座から転落した。

日本企業の多くは、「自信喪失」になり、その後の「失われた10年」などのきびしい状況のなかで、悪戦苦闘した。とくに、売上高などの業績が落ちこんだ企業、とりわけ大企業が主に取組んだのが、コスト削減と総人件費の削減策であった。

それは、まず「雇用リストラ」という大量の人員削減策として現れた。バブル期に大量採用した人材が一転して余剰人材となり、それまでにはあまり例のなかった、若いホワイトカラー層を対象とする雇用リストラ（人員整理）が実施された。これは、日本企業の人材マネジメントにとって重大な変化であった。

また、新規採用が抑制され、さらに人件費削減とも関連して、社員の非正規化が急速に進められた。かつてのように、長期雇用を前提にした正規社員（正社員）採用が中心ではなく、派遣社員・契約社員・パート・アルバイトなど、雇用調整のしやすい非正規社員の採用比率が増加した。

　その背景は、1990年代の半ばに導入された、「雇用ポートフォリオ」の考え方である。ポートフォリオとは、もともと経営財務上の用語であり、資産の運用に際してもっとも有利な分散投資の選択を意味している。その考え方を雇用の分野にあてはめて、できるだけ余剰人員をかかえぬように、雇用する人材の質や量、雇用時期などの最適の組合せを選択して、環境変化に柔軟に適応しようとしたのである。

　つまり、必要な人材を、必要な時に、必要な数のみ雇用して、総人件費を削減するものであった。かくして、企業の一部の中核人材は長期雇用であっても、多数の周辺的人材については柔軟に雇用調整できる短期の非正規雇用に置き換えた。

　非正規雇用は、それ以前にも流通業やサービス業では見られたが、バブル経済崩壊後は、法的規制緩和とともに、他の業界でも大規模に推進された。その結果、現在では「雇われて働く」人の約40％強が、不安定な非正規雇用になっており、低賃金で劣悪な労働条件をうけることになり、それが「格差社会」を生みだすもとになった。こうして、終身雇用・年功序列の雇用慣行は、大きく揺らぎ、企業の側は働く個人に対する対応を大きく変えてきた。

　すなわち、日本企業の人材マネジメントが、かつてのように、人材を企業に長期に「定着」させるものから、企業から短期に「追い出せる」ものに大きく転換した。そのプロセスで、企業の側は、「会社をアテにしないでくれ」といいだし、他方、働く個人の側も、「会社はアテにできない」というようになった。

　この動向に拍車をかけたのが「大企業神話」の崩壊である。高度経済成長期には、「大企業は倒産しない」、「大企業に就職すれば、自分の人生は安定する」と思われたが、その神話はバブル経済の崩壊プロセスのなかで消失した。現在では「大企業も倒産する」、「大企業に就職しても、雇用調整の対象にされる」ことは、常識である。

　以上のような動向を背景に、企業に「雇われて働く」というワーキング・スタイルが見直されている。そして、現在では、大卒者は、入社後3年間に約30％が、自発的・非自発的を問わず、離職・転職・退職する「労働移動の時代」である。

　もちろん、会社組織のなかで「会社人間」として生涯を過ごすのも、会社を飛び出す（スピンアウト）のも、自分でなにか新しいビジネスを立ちあげるのも、すべて個

人の自由である。自分の人生観・価値観・職業観に即して意思決定することである。働いているなかで、「自力で何かをやってみたい」、「いまいる会社に発展性はあるが、自分の力を活かすため、他にチャンスを求めたい」と思った場合、それを実行することも大切なキャリア形成上の意思決定である。つまり、「起業」も「転職」も、有力なキャリアの選択肢のひとつなのである。

## 第2節　起業人材に求められる要件

### (1) 起業人材の行動特性

　起業を行う人材に求められる行動特性とは何か。起業するには、なにか新しいものを創造するとか、これまでにない事業を起こす強い志向性が求められる。もちろん、これは、従業員として企業で働く場合にも必要であるが、"起業家精神"という言葉が示すように、とりわけ起業する人間には、イノベーション（革新）を引き起こす心構えや姿勢が不可欠である。

　起業したばかりの人間が、ビジネスの成功への意識が強いことは当然である。自分のアイデアで、自分の資金で、事業を起ちあげたので、その成功のために、エネルギッシュに仕事に取り組み、昼夜も忘れて働くことも当然のことであろう。

　起業を成功させるためには、ビジネスの目標と、それを達成する道筋を明確にする必要がある。また、自社の製品・サービスのもっている競争力の程度や、顧客・ユーザーの獲得方法、費用・収益との関係における利益計画など、これらについて起業プラン（起業計画書、事業計画書）を明示する必要がある。

　とりわけ、経済全体の先行きが見通せず、不確実な状況が展開するなかで、自己のキャリアプランとともに、起業プランをも明確にして、強い思いを堅持しなければならない。このことは起業人材のみならず、経営者から、一般のビジネス・パーソンに至るまで、現代社会に生きるすべての人びとに共通しており、ストレスのあるような状況におかれても、それに耐えて活動していけることが大切である。

### (2) 起業家に求められる3要件

　個々人が、キャリア形成の選択肢として起業を選び、そのビジネスを成功させるには、強い目標達成の欲求をもち、強固な自律性・自発性を堅持し、危険を恐れないことが必要である。もっとも、これらは、いつ雇用リストラの対象になるかわからな

い、企業組織のビジネス・パーソンにとっても、同様である。

① 目標達成への強い欲求

起業の目標や道筋が決まったならば、その目標を達成しようとする強固な意欲、強い達成欲求が求められる。その点は、スポーツ選手に類似しており、たえず新しい記録を目標にして、それを実現していく挑戦者（チャレンジャー）なのである。そこでは、容易に達成できないような高いレベルの目標を設定し、その達成に向かって努力し、その過程で発生する問題の解決に挑戦するのである。このように起業を志す人物は、心理学者マックレーランド（D. McClelland）の主張した「達成欲求」が強い。

強い達成欲求は、個々人がキャリアアップを求めて生きてゆく際にも、不可欠である。また、既存の企業でも、成長・発展を重視する経営者の達成欲求は強いであろう。起業でも、小規模でスタートするとはいえ、高い目標の設定とその達成への努力の投入がなければ、起業を進めることはできない。その意味では、目標に対する達成欲求の強さは、不可欠な要件であろう。

② 強固な自律性・自発性

さらに、起業を志すには、自分の将来やビジネスについて、自分の力を信じて生きるしかない。自分の力で環境要因をかなりコントロールできると考える人間は、一般にコントロールの内的位置が高いという。ロッター（J. Rotter）の研究によると、起業する人材は「コントロールの内的位置」(internal locus of control) が高いとされる。

しかしながら、他方において、自分では予測・想定できない不確実な環境要因に翻弄（ほんろう）されることが多く、そこから、運命・チャンス・幸運など、自分の力を越える要因を信じ、自分の力よりも、外部の環境要因を宿命視する考え方も生まれる。そのような人は、「コントロールの外的位置」(external locus of control) が高い。

いずれにせよ、自分のキャリアを自分で切り開き、道なき道の開拓者として、環境を冷静に分析し、継続的に環境適応して、目標達成するしかない。

個々人の強固な自律性・自主性という要件は、アメリカの個人主義的文化である。日本の場合には、集団主義的文化が根強くて、"おかげさま"という言葉に表現されるように、他人の支援、制度や行政上の援助などの環境要因を重視する。そのために日本では、コントロールの内的位置が高い人間は、自信過剰の人間に見られるかもしれない。

NOTE

### ③ リスクを恐れない志向性の強さ

ビジネスでも、個人の生き方でも、環境に適応する際の意思決定をまちがえると、目標が達成できずに失敗する。たしかに、起業にはリスクが満ちている。ベンチャービジネスの"ベンチャー"とは、冒険的事業、賭け・投機などを意味しており、それらに挑戦することには、たえずリスクがつきまとう。

ベンチャービジネスの主な特徴は、"ハイリスク・ハイリターン"といわれるが、得る収益（報酬）も多いが、リスクも高いことを示している。したがって、起業する人間には、リスク・危険を恐れず、それを受けとめる強い志向性が求められる。

ただし、リスク負担を過大に評価することはできない。だれでも「リスクを回避したい」と思うのは当然のことであり、「無謀な意思決定によって、不安や心配の種をかかえたくはない」のが、ごく普通の人間の気持ちである。仮にリスクを引き受けるとしても、慎重に事前の配慮や工夫を行い、可能な限りリスク回避をはかるべきであろう。

この点は、比較的安定的に収益を確保する大企業で働くビジネス・パーソンの世界とは、事情が大きく異なっている。一般的にいって大企業のビジネス・パーソンの世界は、安定志向性が強く、"ミドルリスク・ミドルリターン"であろう。

「雇われて働く」ことに慣れた多くの人びとには、起業することは、冒険・不安・無謀なことに見えるが、主体的・自主的にキャリア開発を行う人びとにとっては、単なる人生におけるイベントのひとつである。もっとも、現在の不確実な経済状況のもとでは、「大企業ならだいじょうぶ」、「会社は定年まで自分の面倒をみてくれる」を信じることも、起業と同様の「冒険」なのである。

## 第3節　起業を支えるビジネス経験

### (1) ビジネス経験から得られるもの

起業するには、知識・情報・能力などが必要であるが、その大部分は、社会生活における体験から習得できる。大学などの教育機関でも、専門的な知識を学習できるが、企業などで現実に仕事を経験することで、人間は大いに成長する。社会に出て企業などで働き、いろいろな経験・体験を重ねるなかで習得するものは多い。

ビジネス経験で得られるものは、「企画力・リーダーシップ・交渉力などの経営（マネジメント）能力」、「目標を達成するためのエネルギーの投入方法」、「仕事に関

するマナーや倫理観」、「ピンチに直面しても、克服する力」、「ストレスをコントロールする力」などである。これらは、いわゆる社会人基礎力の育成に役立っている。

つまり、主体性・思考力・チームワークなど、社会で生きていくために必要な能力の大部分は、経験・体験を通じて獲得される。ここに、「場数（ばかず）をふむ」ことの大切さがある。

専門職（スペシャリスト、プロフェッショナル）と呼ばれる人間は、専門的な知識を、仕事が行われる実際の場で使えるが、それは、そのための経験を積んでいるからである。求められた仕事をこなして経験を積むと、その職務にふさわしい役割を果たせるようになる。未熟といわれる若い人間でも、重要なポスト（役職）につくと、そのポストが、その人間をそれらしく育成する。それは、普通ならば担当しないが、そのポストの職務を遂行することにより種々の経験ができるため、人は育てられ、成長することを示している。「ポストが人をつくる」といわれる理由である。

### (2) 「インダストリー・パス」による起業の可能性

ひとつの産業や業界で、特定の仕事に従事して、キャリアを積むことが、やがて起業につながる可能性がある。その産業・業界の事情やビジネスチャンスの動向については、他の業界で働く人間に比べれば、はるかに熟知している。しかも、その産業・業界に必要な専門的な知識やスキルを習得しているから、チャンスを見きわめて起業する際のハードルは低くなる。このような連鎖のことを、「インダストリー・パス」（業界パス、industry path）と呼んでいる。

どの程度のビジネス経験があれば、起業できるのか。それは、業務内容や個人の事情によって異なるが、おおむね数年の経験があれば、起業はできると考える。このように、ビジネス経験は、起業につながる可能性をもっている。

若い時に起業を目指す場合、当面のビジネス経験を起業準備として位置づけて、将来の起業の際に必要となる各種の経験を、あらかじめ意図的に行う人間も少なくない。ビジネス経験が起業に活きるとすれば、学生時代や卒業直後に無理に起業する必要はない。在学中の起業も可能であるが、卒業後、何年かのビジネス経験などを積んでから起業するほうが、はるかにスムーズなのである。

### (3) 「失敗」から学ぶことの重要性

ビジネス経験があっても、起業にはリスクがともなうので、必ずしも順調に進ま

ず、失敗に終ることもある。むしろ、失敗のほうが多いともいわれる。これが、多くの人びとが起業を避けてきた理由のひとつでもある。そして、成功した起業家のなかにも、失敗の経験をもつ人びとは少なくない。失敗の原因として、「十分な検討がなくて、見通しが甘かった」とか、「他人を信じすぎた」、「企業経営の知識が不足していた」などがよく指摘される。

しかし、失敗から学ぶことは多い。失敗をいったんは認め、もう一度挑戦しなおす文化や制度も大切である。いうまでもなく、一度の失敗で、挑戦をあきらめるのは、本人にとっても、社会的にみても大きな損失である。

現在の起業支援では、失敗を認め、再チャレンジをサポートしている。失敗を認めない社会には、挑戦者があとに続かず、イノベーションは生まれない。

## 第4節 まとめ

第二次世界大戦後、長い間、「雇われて働く」ことが、日本人のごく一般的な働き方であったが、近年において、これまでの働き方・生き方が大きく見直されている。

1990年代以降、経済のグローバル化にともなう産業構造の変化や事業の再構築がすすみ、労働力市場は流動化し、企業の人材マネジメントのあり方も変化した。

その結果として、個々人のキャリア開発は、これまでの企業主導のものから、個人主導に移行した。もはや個々人は、会社組織に依存してキャリアを送るのではなく、転職することも、起業することも、個人の自由な選択肢のひとつになっている。

キャリア形成の選択肢として起業を選び、そのビジネスを成功させるには、強い達成欲求をもち、コントロールの内的位置が高く、さらに危険を恐れないリスクテイカーであることが求められる。さらに、「経験は人を育てる」ので、起業にも経験が必要である。したがって、経験は、「失敗」も含めて、起業する人びとには必要であり、再チャレンジの契機でもある。

《One Point Column》

### 「生き学(イキガク)・経営学」の対象としての起業

経営学は、企業などの組織のためだけではなく、一人ひとりの個人が生き抜くためのものであり、「生き学」である。「起業して働く」ことも、個人が生きるための選択肢のひとつである。「雇われて働く」だけが働くことではない。

(1) 本章の内容を要約してみよう。

(2) 本章を読んだ感想を書いてみよう。

(3) 説明してみよう。

　① 雇用リストラとは、なんでしょうか。

　② コントロールの内的位置とは、なんでしょうか。

　③ インダストリー・パスとは、なんでしょうか。

(4) 考えてみよう。なぜ近年において、起業が、キャリアの有力な選択肢のひとつにされるようになったのか、その理由は何ですか、考えてみよう。

(5) 調べてみよう。起業人材（起業家）の3要件のうち、あなたがもっとも関心のあるものはどれでしょうか。その理由を、他の要件を意識しながら調べてみよう。

経営学のススメ①

## 若者よ！ 起業への挑戦を考えてみよう！

　若者が将来就きたいと思う職業について、高校生（普通科）に対して調査を行うと、「起業希望」と回答する生徒の比率はあまり高くない。「公務員」とか「教員」が多く、「経営者や管理者」になりたい人間は「起業」よりも少し多いという。わが国の各種の統計や企業案内などをみても雇用者（従業員）数は計算されても、経営者や管理者などのマネジャーは、独立した職業とは認知されていないので、別項目というかたちで計算されることはなかった。まして、これからスタートする起業は、「雇われて働く」という日本人のこれまでの意識からすると、就きたい職業の上位にランクされるものとは思われてこなかった。

　このような場合の理由については、よく若者は「安定志向」であるから、「起業」への希望が少ないのだという主張がよく行われるが、それは明らかにちがっている。むしろ、それは若者だけでなく、「雇われて働く」ことが働くことであるという多くの日本人（大人）の意識を反映していると考える。したがって、この主張は必ずしも正しいとはいえない。

　若者の特徴を示す言葉は、その時代その時代によって、いろいろなかたちで表現されてきた。著名なものとしては、1980年代には"新人類世代"がいわれ、90年代のリストラ期には、"バブル期世代"にかわって"就職氷河期世代"が使用されたりしてきた。それでは、現在の若者はどのような世代なのであろうか。

　1980年代に誕生した若者は、"ソーシャル世代"といわれている。かれらは"草食系"や"ゆとり世代"などと軽目に見られることもあるが、バブル景気も知らない世代である。かれらの育ったのは、バブル経済がはじけた後の低成長の時代であり、阪神・淡路大震災を子どもの頃に経験している。さらに20代に入ると東日本大震災や福島原発事故に直面している。

　いやがおうでも、かれらは、これらの現実にぶつかっており、自分の身のまわりにある問題に関心をもたざるをえない状況になっている。要するに、かれらは自分だけでなく、社会の問題にも関心をもち、社会貢献に意を注いでいる世代である。

　他方で、かれらは人間関係や他の人びととの交流において、SNS（ソーシャル・ネットワーク・サービス）などを活用している。最新のIT（情報技術）を駆使して、人間関係づくりと人脈づくりを行っており、社交性のある（ソーシャル）活動を展開している。

　アメリカでは生まれたときからネットで育った世代は、"デジタルネイティブ世代"

といわれているが、かれらは大企業に見られる上下関係を好まず、対等な人間関係づくりを大切にするとともに、企業などの組織に対しては、情報公開や透明性を求め、それらの組織が不正を犯すと考えるならば、反対や異議を唱えるよりは距離をおくという傾向をもっているという。

　これと同じような傾向が日本の若者にはあるといってよい。ソーシャル世代の若者は、ひとりだけ「とんがる」ことで、目立ったり、孤立化することを求めず、むしろソーシャル・メディアなどを使って仲間づくりや関係性を重視しているように見える。そして、大企業や国家に敵対するという考えはないものの、公平性や透明性を期待している。

　このようなソーシャル世代がつくりだしたヒット商品の1例には、「ソーシャル・ツアー」がある。これは、発展途上国や自然災害の被災地などを訪ねるツアーのことであり、このツアーに参加することでボランティアを行ったり、地域の住民と交流する経験ができるので、ソーシャル世代には魅力になっている。これは、かれらが社会問題に関心をもっていることを示している。

　フェアトレードの商品や障がい者たちのつくる商品もヒットしている。これらは、「ソーシャルプロダクト」といわれるものである。たとえば、発展途上国の商品を公正な価格や取引で流通させようというフェアトレードは、発展途上国の人びとの経済的な自立を支援できるという社会的な意味に、かれらが共感しているのであろう。

　ソーシャル世代は、起業にも積極的であるように見える。つまり、消費だけでなく、ないと思われるものについては自分でつくっていこうという考え方をもっており、それが起業につながっている。

　「社会的企業」（ソーシャル・ビジネス、ソーシャル・エンタープライズ）や社会起業家（ソーシャル・アントレプレナー）とは、社会問題をビジネスとか経営的な思考や手法などによって解決しようとしているが、ソーシャル世代には、第2章の本文（事例）で書いているように、まさに社会起業家として活躍している人びとが誕生している。

（設問1）　ソーシャル世代の特徴とは、どのように要約できますか。そして、あなたにも、その特徴があると思いますが、いかがでしょうか。

（設問2）　2、3名の社会起業家の事例研究を、第2章を参考にして行ってみてください。どのような社会問題をビジネスにしようとして起業したのかを調べてみてください。

（齊藤　毅憲）

# 第2章

# あなたも起業ができる──事例から学ぶ

　キャリアの選択肢のひとつである起業は、多種多様であり、だれでも起業することができる。それゆえに、起業は身近なキャリア開発のひとつである。

　しかし、『中小企業白書』(2015年版)の調査によると、1979年から2012年までの約30年間で30歳代以下の若者の起業家と起業希望者数が減少している。若者は、社会経験や起業家と接する機会が少なく、また起業に関する情報をもたないため、起業に失敗した場合のリスクに、不安を感じているようである。一方、シニア層（中高年）では、これまでのキャリアを活かし、セカンドライフとして起業する割合が年々高まっている。つまり、日本における起業の現状は、「老高若低」である。

　起業といえば、多くの人は、「ハイリスク・ハイリターン」のイメージが強く、アップルの創業者スティーブ・ジョブズや、ソフトバンクの孫正義のような、カリスマ性の高い起業家の築いた巨大企業を思い起こすであろう。しかしながら、日本では中小企業が99％を占めており、起業のほとんどは、あまり大きくならない、「身のたけ」の起業といわれるものである。

　本章を学習すると、以下のことが理解できるようになる。

① 具体的な事例から、どのような人が、どのようなキッカケで起業するのか、については特定のパターンがあるわけではなく、多様であること。
② 起業には、成長重視のベンチャービジネス、「身のたけ」起業、社会的な課題の解決に役立つ社会的起業、という3つの選択肢があること。
③ 社会的起業家が取り組んでいるさまざまな社会的な課題。

## 第1節　成長志向のベンチャービジネスの事例

### (1) 全員の幸福を追求する「レバレジーズ社」

　レバレジーズ社は、2005年にシステムインテグレータとして設立され、「IT・人

材・メディア」の3つの事業ドメインにおいて、活動を展開している。同社の売上高は、設立初年度の1億円から、10年後の2014年度には、108億円にまで増加している。そして、従業員については、314名を雇用するまでに成長している（2014年8月末現在）。

　同社は、岩槻知秀により創業された。彼は、大学時代に学費や生活費づくりのために、日雇いアルバイトを複数かけ持ちして働いた。彼は、貧困から脱するために、時給の高いプログラマーの仕事に目をつける。文系出身の彼は、パソコンの操作すらできなかったが、必死に独学した。そして、oisixやindexなど複数のベンチャー企業で、インターンシップの経験を積んでいる。

　その後、岩槻は、あるベンチャー企業の立ちあげに携わった際に、その企業が利益第一主義の経営に走るあまり、従業員に無理な過重労働を課す、など、倫理観に欠如している実態を知った。この体験から、彼は、企業における経営理念やビジョンの重要性に気づき、みずから起業することへの想いを強くした。彼は、内定していた就職を辞退し、卒業と同時に「全員の幸福を追求する」ことを目指して、ひとりで同社を立ちあげた。

### (2) 業界ナンバーワンを目指した「ディー・エヌ・エー社」

　株式会社ディー・エヌ・エー（以下、DeNA）は、1999年に南場智子により設立された。現在は、ゲームをはじめ、Eコマースや、エンターテイメントなどの分野でモバイルを中心に事業を展開している。売上高は1,424億円、従業員は2,424名（2015年3月末現在、連結決算）である。

　南場は、大学卒業後マッキンゼー・アンド・カンパニーに就職した。しかし、入社2年目になっても、仕事の要領がつかめず、現実逃避のために、いったん退職し、留学することを決意した。

　しかし、留学を終えて、マッキンゼーに復職した直後も、状況は変わらなかった。たまたま彼女が転職を考えていたころ、会社から大きなプロジェクトを任され、それを成功させた。その後、彼女は担当するプロジェクトをつぎつぎに成功させ、仕事に自信がもてるようになった。同時に彼女は、プロジェクトの結果が見えないという、コンサルティング業務の限界を実感するようにもなった。

　彼女は、それまで携わった仕事の経験から、ITビジネスにチャンスがひそんでいると感じ、1999年にDeNA社を起業して、インターネット・オークション事業を

開始した。しかし、当初は事業がうまくいかず、4年間連続赤字を出し続けた。それでも2002年に、ショッピングサイトへの転換をはかったことがキッカケとなり、事業は軌道に乗り、成功を収めた。

その後、彼女は、IT業界のナンバーワンになるために、大きな改革に着手し、事業をパソコンからモバイルにシフトさせた。2007年には、同社を東証一部に上場させ、現在に至っている。

### (3) 大学から生まれた「ユーグレナ社」

株式会社ユーグレナは、2005年に、東京大学出身者を中心に設立され、ユーグレナ（ミドリムシ）などの微細藻類の研究開発や、これを用いた食品・化粧品の製造・販売などを行っている。

ユーグレナ創業者のひとりである出雲充は、もともと国連で働くことが夢であった。彼は、大学時代のバングラデシュでのインターンシップを通じて、グラミン銀行の「マイクロファイナンス事業」を知って以来、現地の食糧問題に関心をもつようになった。

彼は、3年生に進級する際に、文科3類から農学部に転部し、そこで、のちに起業のパートナーとなる鈴木健吾と出会う。出雲は、タンパク質やミネラル、ビタミンが豊富なミドリムシの存在を知り、35歳で起業するという目標を立てた。その後、彼は、2002年に大学を卒業し、銀行に勤めながら、鈴木とともにミドリムシの研究を続けた。1年後、出雲は、銀行を退職し、ミドリムシの研究に専念したが、事業化の鍵となる大量培養には、なかなか成功しなかった。

2005年に、あるベンチャービジネスの出資1,000万円を受けたことをキッカケに、研究ノウハウをもつ出雲と鈴木に、経営の知識や経験のある福本拓元が加わり、3人で株式会社ユーグレナを立ちあげた。そして、同社は、多くの大学と連携しながら、同年末についにミドリムシの大量培養に成功した。現在の売上高は30億4,634万円、従業員数89名（2014年9月末現在）で、2014年に東証1部に上場している。

### (4) 既存企業から生まれた「スマイルズ社」

株式会社スマイルズは、2000年に、遠山正道により設立されている。同社は、スープ専門店「Soup Stock Tokyo」を代表とする飲食店や小売店を経営し、さら

に食料品、繊維製品、日用雑貨の企画・製造・販売などの事業に進出している。

　遠山は、大学卒業後、三菱商事株式会社に就職し、その後、日本ケンタッキー・フライド・チキン株式会社に出向した。その頃、約3ヵ月をかけて、22頁の物語形式の企画書を起案し、それをもとに1999年に、女性がひとりでも気楽に利用できる、スープ専門店「Soup Stock Tokyo」の第1号店をオープンさせた。彼は、出向期間の3年を終えた2000年に、三菱商事初の社内ベンチャービジネスとして、株式会社スマイルズを設立し、みずから代表取締役社長に就任した。

　設立当初は、三菱商事が87%、遠山正道が13%の出資であったが、2008年に、遠山はMBO（Management Buyout、経営陣による事業買収）により、スマイルズの株式を100%取得するとともに、三菱商事を退社し、独立した。現在、売上高は84億5,300万円（2015年3月期）で、社員271名、アルバイト約1,500名（2015年4月現在）を擁している。

### (5) ベンチャービジネスの類型

　以上の4社は、いずれも革新的な事業を行っており、10年から15年の短期間に、大きく成長している。このような企業はまさに、ベンチャービジネスといえる。

　レバレジーズの岩槻は、独学によって新しい道を切り開いた。また、DeNAの南場は、みずからの業界の経験を活かした起業であった。

　一方、ユーグレナの出雲は、大学の研究成果をもとにして、事業を立ちあげている。このように、大学と深くかかわり、なんらかのかたちで、大学が経営資源を提供することで設立されたケースは、「大学発ベンチャー」という。そして、スマイルズのように、企業が保有する経営資源を活用した起業は、「企業発ベンチャー」である。

## 第2節　「身のたけ」起業の事例

### (1) 副業から生まれた手染めの店「CIELO」

　CIELOは、手染め糸や、これを使用したオリジナルアクセサリーの企画・販売を行う専門店である。CIELOが販売している糸は、一回に30玉しか染めず、2度と再現できない手染めにこだわっている。そのオリジナル性は、台湾の顧客にまで人気を博している。同店には、パートを含む2名の従業員が働いている（2014年現在）。

　同店代表の黒坂由美子は、銀行員勤務を経験した後、派遣社員として仕事に就くか

たわら、趣味の延長線の副業として、ネットショップを開き、当時流行していた手づくりミサンガ（腕輪）の販売を開始する。その後、リーマン・ショックによるリストラにあい、失職するが、母子家庭を支えるために、アルバイトをしながら、副業のネットショップを継続した。

販売するミサンガに使用している糸は、黒坂がみずから企画・デザインし、自宅の台所で手染めしたものである。このようにして製作された糸は、顧客の注目を引き、糸の販売に関する問い合わせが増えるようになった。それに合わせて、黒坂は手染め糸の販売を開始した。

その後2003年より、黒坂は本業として、ネットショップを運営するようになった。販売実績が年々増加するにつれ、実店舗についての問い合わせも多くなり、2010年には、実店舗を開設するに至った。この実店舗の開設は、ネットショップと同じように、すべて自己資金でまかなわれた。

### (2) 「生き方への疑問」から生まれた「Cerca Travel 社」

Cerca Travel 社は、「女性がキレイになる旅」というコンセプトにもとづいて、2006年に創業された、小さな旅行会社である。同社は、女性特有のニーズに応じた旅行パッケージ商品の企画・販売や、旅行の相談を行っている。現在は非常勤を含め、従業員4名が働いている。

創業者の井上ゆり子は、卒業後、旅行会社に就職したが、初めから起業のことを考えていたわけではなかった。彼女は、旅行会社に20年以上勤めたが、深夜まで働いたにもかかわらず、仕事から得られる満足感は少なかった。

そうしたなかで、彼女は定年までにやりたい仕事や、自分の生き方を考えるようになった。すでに起業していた男性の先輩に、自分の悩みを打ち明けたところ、キャリアとして、起業という選択肢のあることに気づかされた。それまで起業のことがまったく念頭になかった彼女は、さっそく経営の学習を始めた。

彼女は、旅行会社に勤務するかたわら、夜間と土曜日を利用して、起業を目指す女性を支援するセミナー「京おんな塾」に通い始めた。この塾で、彼女は旅行業界における自分の強みを分析し、起業プランを練ることができた。そして、講師らのアドバイスを受けながら、自分とアルバイトのふたりで、2006年に起業した。そして「失恋タクシー」や「ソロウェディング」という話題性のある商品を生み出し、注目されることになった。

(3) 転勤から生まれた市場（いちば）の古本屋「ウララ」

　古本屋ウララは、沖縄の「市場」にある広さ３畳の小さな古本屋であり、日本一狭いといわれている。この３畳の本屋は、「沖縄関連本」と「一般」という、ふたつのスペースに分かれているが、ジャンルはさまざまであり、顧客の多様なニーズに対応しようとしている。

　店主の宇田智子は、神奈川県生まれで、大学卒業後、東京の大手書店に就職した。入社８年目に、那覇店が開店されることになり、東京での仕事に疲れを感じていた彼女は、みずから志願して、那覇店に転勤した。

　２年後に再び人事異動があり、宇田は東京に戻ることを求められた。しかし、彼女は、人情あふれる沖縄で、ゆるやかに時間を過ごしたいという想いが強くなり、退職を決意した。そのとき、偶然、那覇で閉店する古本屋の後継者の募集に応募し、2011年に後継店として、「ウララ」を開業した。

　現在の彼女の収入は、会社勤めのときに比べて３割ほど減ったが、自分の個性で店づくりをしたり、顧客一人ひとりのニーズに合わせて、ていねいな対応ができるため、彼女はやりがいを感じている。さらに、2013年には、みずからの体験をつづった『市場の古本屋ウララ』を刊行している。今後も店を拡げる予定はなく、この３畳の小さな古本屋は、自分にちょうどいい幸せであると、彼女は考えている。

(4)「身のたけ」起業と生きがい

　この節で取りあげた３つの事例は、いずれも第１節で述べた、ハイリスク・ハイターンのベンチャービジネスと異なって、リスクをできるだけ回避し、資本金が比較的少ない、あまり大きくしない「身のたけ」起業といえる。

　このような「身のたけ」起業は、規模が小さく、自己資金だけで可能であり、趣味や資格・特技を活かすなど、生活に密着している。「身のたけ」の起業は、女性の起業家に多く見られる。当然のことながら、女性起業家のなかでも、DeNA社の南場のように、大きい目標を目指す起業家もいる。

## 第３節　社会起業家の事例

(1) 病児保育問題に取り組む「NPO法人フローレンス」

　フローレンスは、2004年に、病児保育サービスを提供するNPOとして発足し、

2012年には、認定NPO法人の資格を取得した。現在、スタッフは211名（アルバイトを含む）で、売上高は、6億5,500万円（2014年3月末現在）である。

代表理事の駒崎弘樹は、大学在学中から起業に熱心であり、3年生の時に、友人と共同でITベンチャーのニューロン社を立ちあげた。しかし、その後、彼は経済価値のみを追求する、単純なビジネスのあり方に疑問をもつようになった。同じ頃、ビジネスを通じて社会的な問題を解決する社会起業家や「ソーシャル・ベンチャー」が、アメリカでつぎつぎと生まれていることを知り、強い関心を覚えた。

彼は、大学卒業後、ベビーシッターに従事している母親から、「子どもが熱を出し、仕事を休んだために、解雇された」という顧客の話を聞いて、保育業界の「病児保育問題」を知った。この大きな社会問題を解決するために、彼は、みずから立ちあげたニューロン社を退社して、後輩とともに、NPO法人フローレンスを起業し、業界初の「脱施設型」、「自宅訪問型」の病児保育サービスを生みだした。

さらに、フローレンスは、利用者どうしが支え合う、保険タイプの「共済型」会員制の料金システムや、低収入のひとり親家庭に、低価格でサービスを提供する、「寄付会員制度」などを導入し、事業を順調に拡大させている。

### (2) 児童の人権問題に取り組む「NPO法人かものはしプロジェクト」

かものはしプロジェクトは、「子どもが売られることがない世界」を目指して、カンボジアとインドを中心に活動を行っている。同プロジェクトは、2002年に大学生の村田早耶香、本木恵介、青木健太の3人によって任意団体として立ちあげられ、2004年にNPOの法人格を取得した。現在では、46名のスタッフ（日本事務所12名、カンボジア事務所34名、2015年9月現在）が働いており、正会員が67名、サポート会員は3,591名である。

かものはしプロジェクトの創立者のひとりである村田は、中学生時代から国際問題に関心があり、大学で国際協力を学習した。彼女の当初のライフプランは、社会経験を積んで、40代ごろにNGOを立ちあげることであった。しかし、大学2年生のときに、あるNGOのスタディーツアーに参加したことをキッカケに、東南アジアでの児童買春の現状を知り、この問題を解決しようと決意した。

彼女が、この問題への取組みを模索している頃に、本木と青木に出会い、社会起業が提案された。そして、2002年に、大学生3人は協力して、とりあえず3ヵ月だけやってみるという気持ちで、このプロジェクトを立ちあげた。

起業当初、カンボジアの都市部で、ITの職業訓練事業を行ったが、2006年に、児童買春防止の効果をより高めるために、大人には仕事を提供し、子どもには教育を受けさせるという、農村支援のコミュニティファクトリーの経営に転換した。これが、現在の主力事業になっている。

### (3) 健診弱者を救う「ケアプロ株式会社」

ケアプロ株式会社は、2007年に川添高志により、革新的なヘルスケアサービスをプロデュースする、プラットフォームカンパニーを目指して創業された。同社は、主にセルフ健康チェックなどの予防医療事業と、訪問看護の在宅医療事業を行い、「ワンコイン健診」でよく知られている。

川添は、大企業に勤務していた父親が解雇されたことをキッカケに、自分の生き方について深く考えるようになる。高校1年生の時に、漠然とではあるが、起業を目指すことにした。高校2年生の時に、祖父の臨終に立ち会い、祖父が十分なサポートを受けられなかったと感じて、医療に関心をもつようになる。その後、大学の看護医療学部に進学し、医療を学ぶとともに、起業を実現するために積極的に起業家との接触を始めた。

彼は、在学中にアメリカの病院を視察する機会があり、そこで、スーパーマーケットで行われる簡易な健診と治療に出会った。これが、「ワンコイン健診」のビジネスモデルの原点である。彼は、大学4年生の時に、医療関係のコンサルティングを行うベンチャー企業でインターンシップを体験し、そこで経営のスキルを身につけた。さらに、現場の問題を発見するために、大学卒業後は看護師として病院に勤務することにした。

彼は、病院勤務のなかで、「機会がない」、「時間がかかる」、「お金がかかる」といった理由で、1年以上健診を受けていない人が3,300万人もいる現状を知り、セルフ健康チェックのビジネスモデルを打ちだした。そして、2007年に、ケアプロ社を設立し、同時にビジネスモデルを保護するために、2008年に特許を申請した。

さらに、同年、人口密度の高い東京都中野区に、常設第1号店をオープンした。現在では、セルフ健康チェックの累計利用者数は28万名を超えている（2015年1月末現在）。

NOTE

(4) ビジネスと社会的な課題の解決

　ここで述べた3つの事例は、利益の追求ではなく、ビジネスを通じて、社会的な課題を解決するために設立された、企業やNPOである。このような企業やNPOは、ソーシャル・ベンチャーといわれ、その設立者は、社会起業家と呼ばれている。

　この3つの事例は、それぞれに革新的なビジネスモデルを生みだしており、ビジネスを通じて経済価値を創出するとともに、新しい社会的価値をもたらしている。これは、「ソーシャル・イノベーション」ということができる。

## 第4節　まとめ

　起業のあり方は、多種多様である。「ハイリスク・ハイリターン」のようなベンチャービジネスもあるが、少ない資金で、リスクを最小限に抑える「身のたけ」の起業も多い。また、近年では新しい形態として、社会的な課題を解決するための社会起業も増加している。

　起業するキッカケは、のちの章で述べるが、たとえば、転勤や職場への不満、失職、離婚、社会問題など、起業家によって、それぞれ異なっている。また、起業する際の組織形態は、自分のニーズに合わせて、個人経営か、株式会社か、それともNPOか、のいずれかを選択している。現代では、起業はキャリアの選択肢のひとつであり、学生や会社員、主婦などが、人生のどの段階においても起業することが可能である。

　多くの事例が示すように、起業には、多様なアプローチがある。もし、あなたが強く取り組みたいテーマがあるなら、いつでも、どこでも、起業の主体になることができる。起業は、もっとも身近なキャリア開発のひとつなのである。

《One Point Column》

### 起業プランの必修科目化を！

起業は「生き学」の対象であるから、ビジネス系の大学では起業プランの作成を必修科目にすべきである。あなたも、卒業研究として、起業プランを作成してみよう。そして、みずから「起業して経営する姿勢」をもとう！

(1) 本章の内容を要約してみよう。

(2) 本章を読んだ感想を書いてみよう。

(3) 説明してみよう。

① ベンチャービジネスとは、なんでしょうか。

② 「身のたけ」起業とは、なんでしょうか。

③ ソーシャル・イノベーションとは、なんでしょうか。

(4) 考えてみよう。本章の内容に対して、あなたの意見と異なる点と同意点について考えてみよう。

(5) 調べてみよう。あなたの関心のある著名な起業家を選び、その起業の経緯・現状を調べてみよう。

経営学のススメ②

# 女子学生の起業事例

### 1．「アルバイト経験」から生まれた起業家——「リアルタイムグループ」の上原彩美

　リアルタイムグループは、リアルタイムメディア社、リアルタイムアニバーサリー社など、6社により構成されている。同グループは、従業員が270名（2015年5月現在）で、主にウェブデザイン、システム開発、エンジニア派遣、ロボット広告などの事業を展開している。

　グループの創業者は、上原彩美である。上原は大学時代に写真を専攻しており、一眼レフカメラを買うために、入学後に始めたアルバイトが起業のキッカケとなった。ITベンチャー向けのキャラクターやパンフレットのデザインにやりがいを感じ、大学在学中の2004年に起業し、リアルタイムメディア株式会社を設立した。このとき19歳であった。

　彼女は、大学生と社長という二足のわらじをはき、多忙な生活をおくるなかで、体調を崩すこともあり、自宅で療養しながら仕事を続けていた。それがリアルタイムメディア社で在宅事業をスタートさせたキッカケとなった。

　しかし、2008年のリーマン・ショックの影響により、それまで順調であった事業は深刻なダメージを受けている。その後、IT分野の将来性を見きわめた上原は、2012年4月に経営再建中のシステムエンジニア派遣会社を吸収合併し、事業活動をウェブデザインからIT分野に拡大し、グループ経営を行うようになった。

　グループ6社は、同じ事業活動を展開している。上原は企業の規模が50人を超えると人材教育に十分な手がとどかないことと、グループ間で競争し合うことが、社員のモチベーションの向上と会社の成長につながると考えたため、グループ経営というかたちにこだわっている。

　2015年9月には、アンドロボティクス社と共同開発したオリジナルロボット「モスペンくん3号」を導入し、商品のサンプルやチラシの配布などにロボットを活用する広告事業を新たに始めた。

### 2．「原体験」から生まれた起業家——「株式会社aba」の宇井吉美

　株式会社aba（アバ）は、当時大学4年生の宇井吉美が2011年10月に設立した。同社は、ヘルスケア業界の排泄問題を解決するためのロボティクス技術の研究開発とサービスを提供する会社である。

　中学生の時に、祖母がうつ病を患い、家族介護が必要な状況におちいった。その苦い

体験から、人間による介護の限界を感じた彼女は、2007年に千葉工業大学工学部に進学し、介護者をサポートするロボットの開発を目指した。

　しかしながら、学生のなかで女性ひとりという学習環境に戸惑い、彼女は半年間、休学せざるをえなかった。その間は、居酒屋でアルバイト生活をおくっている。幸いにも指導教員の支援により大学に復学し、介護現場でのロボットのニーズや応用について調査を行うようになった。

　そのなかで、においを検知することで排泄のタイミングがわかる非接触型尿探知機を開発する方向性を決め、5〜6人の学生で「aba（awakened bunch activity）」開発プロジェクトを立ち上げた。1、2年生の時に勉強しながら現場のヒアリングを繰り返し、度重なる改良の末、3年生の時に、シリコン製の非接触型排泄検知シート『Lifilm（リフィルム）』の原型を誕生させた。その後、量産化のために進めていたメーカーとの共同開発は、東日本大震災の影響により、中断に追い込まれた。

　こうしたいきさつから、彼女は2011年に行われた「学生ビジネスコンテスト in CHIBA」への出場を決意し、はじめて起業しようと考えるようになった。コンテストでグランプリを受賞したことを受けて、学生起業家として株式会社abaを設立した。現在、Lifilmの製品化のため、彼女は営業やマーケティング、資金調達などに奮闘している。

　上原彩美はアルバイトの体験から起業し、在宅ビジネスに気づき、事業を拡大している。宇井吉美は祖母の介護という原体験から、「リケジョ」になり、さらに起業に至った。彼女らはもともと「起業」という夢をもっていたのではなく、生活の経験や原体験が結果として起業につながった。これは女性が起業する場合の特徴のひとつでもあると考えられる。そして、このように起業のチャンスを見つけるには、生活のなかで行われるさまざまのことへの「気づき」が重要なのである。

（設問1）　事例に出てくる上原彩美と宇井吉美の共通点と相違点を考えてみてください。
（設問2）　あなたのまわりにある「気づき」をあげてみてください。

（馮　晏）

# 第3章

# 「起業」をうながす推進要因

　前章では、どのような人びとが、どのような起業を行っているかを、具体的に考えたが、本章では、この起業を直接的に生みだした、主な要因とは何かを考察する。

　起業は、ライフやキャリアを送るなかの、「ある種のキッカケ」（トリガーともいう）によって行われる。このキッカケが、起業をうながす直接的な推進要因であるが、多くの具体的な事例を整理・分類し、検討していくと、それには、起業主体の内面に動機として生じる「内発的な要因」と、外部からのプレッシャーや刺激によって生じる「外発的な要因」がある。そして、実際の起業においては、このふたつの要因が重なりあうこともある。

　本章を学習すると、以下のことが理解できるようになる。
① 起業をうながすキッカケは多様であり、それには「内発的な要因」と「外発的な要因」があること。
② 内発的要因は、蓄積した経験や学習成果の活用、自分の価値観の実現欲求など、の内面の動機である。他方、外発的要因は、失業・解雇などの身辺の状況、メンターからの誘い、ネットワークへの参加など、の外部の刺激であること。
③ キッカケを人生の「転機」とすれば、これには、「不満の解消行動」としての起業と、「チャンスの活用行動」としての起業、のふたつがあること。
④ 女性の起業の推進要因は、生活の充実をはかり、社会を元気にすることが多く、そのような生活感あふれるニーズの把握こそ、起業の源泉であること。

## 第1節　キッカケの意味と多様性

### (1) 推進要因としての「キッカケ」

　起業の推進要因は、ライフやキャリアを送るなかで生じる、ある種のキッカケであり、それは、ピストルの引き金と同じ働きをすることから、"トリガー"とも呼んでいる。

キッカケが起業をうながす直接的な要因であるが、それは、多種多様である。たとえば、社会人がビジネス・スクール（経営大学院）で、専門的知識と実践的な経営学を学んで、MBA（経営学修士）を取得し、修了後にコンサルタント会社を起業したとすれば、この場合は、企業経験に加え、ビジネス・スクールの修了が、起業のキッカケになっている。

また、仕事がみつからず、就職できないとか、企業を解雇されたが、転職もできないので、やむなく起業したという事例も多くある。つまり、この場合は、就職できないことや、転職のチャンスのないことが、起業のキッカケになっている。さらに、学生時代のアルバイトの経験で得た自信をキッカケにして、卒業直後に飲食店を開店した学生もいる。

このように、さまざまなキッカケが、起業をうながす要因になっている。ライフやキャリアのなかで、われわれはいろいろなことを経験するが、その内容は人によって、みな異なっているので、起業のキッカケになる要因もまた、人によって異なり、さまざまである。

要するに、キッカケの内容は、複雑で多岐にわたっている。それは、まさに「多様性」に満ちている。

## 第2節　推進要因の主な分類

### (1) 分類の基準と内容

起業のキッカケには、「内発的な要因」と「外発的な要因」のふたつがある。

前者の内発的な要因は、起業しようとする人間（起業主体）の内部の欲求から発生し、起業したくなる動機のことである。これは、個人の内部から押しだされるので、「プッシュ要因」ともいえる。前述の事例でみると、MBAの取得やアルバイト経験で得た自信による起業が、この事例となる。

もうひとつの外発的な要因は、起業しようとする個人の外部からのプレッシャーによって生じるキッカケである。つまり、外部によって引き出される「プル要因」である。前述の事例では、就活の努力をしたものの、就職できなかったとか、失業後に転職先がみつからず、やむなく起業するケースである。

これは起業しようとする人間の外部からのプレッシャーによって生じるということから、「環境要因」と置きかえてもよいであろう。

## (2) 内発的な要因の事例

### ① 経験の蓄積

第1章でも述べたが、同じ産業・業界で、ある年数働いていると、特定の仕事について習熟するとともに、その産業・業界の発展性や、起業チャンスの可能性の有無が、理解できるようになる。このようなインダストリー・パスを、「経験の蓄積」による起業という。

たとえば、学生時代の居酒屋のアルバイト経験を活かして、卒業後に飲食店を開店することは、経験の蓄積による起業の事例である。また、女性が、自分の趣味や育児・福祉体験を活かして、教養・カルチャー・健康教室を開設したり、子育て支援・福祉支援などの起業をする場合も、この経験の蓄積にもとづいている。

そして、企業内で働くビジネス・パーソンが、比較的困難な事業の企画から実現までのプロセスに関与し、その事業を完成させたのちに、自分の経験や能力に自信をもち、起業に至ることもある。さらに、勤務していた大企業を退社した後の起業も、経験の蓄積によるものが多い。

### ② 学習成果の活用

「学習成果の活用」による起業は、前述のビジネス・スクールで経営学を学び、MBA取得した後に、コンサルタント会社を設立するのは、ひとつの典型である。また、大学や専門学校で学習したスキルや技術を活かして起業するケースも、同様である。さらに、海外の例では、刑務所や軍隊などにおける学習成果も、起業につながっている。

この「学習成果の活用」をキッカケとするケースの、もうひとつの典型例は、「資格取得」による起業である。国・公共団体や民間団体から授与される、各種の専門的な職業資格は、起業の可能性を拡大させている。弁護士、公認会計士、税理士、中小企業診断士などの「士」（さむらい）業は、独立・自営に役立つよく知られた資格である。これ以外にも、美容師・理容師・調理師など、起業に役立つ、多くの資格がある。

資格取得は、該当する業務分野の専門家であることを証明するものであり、これに経験の蓄積が加わると、専門家としての能力が強化され、起業の可能性・現実性はさらに高まる。

### ③ 価値観の実現

さらに、内発的な要因としては、個人が重要視する価値観・ビジョン・願望・夢を

*NOTE*

実現したいという欲求（動機）がある。以下のものが、この「価値観の実現」による起業の代表例である。

ひとつは、起業の際に、「高い所得を得たい」という、経済的な価値観の実現を目指す人がいる。これは、金銭という経済的な欲求を充足するための起業である。雇われて働く場合には、賃金や給与の水準は種々の社内ルールによって決定され、必ずしも高い報酬（ハイ・リターン）を期待できない。その点、起業は、成功すれば、高額の収入が可能になるので、それが内発的な動機づけ要因になる。

ふたつめは、起業において「独立・自立したい」を重視する人もいる。「雇われて働く」ことには、たしかに「ある種の気楽さ」があるうえに、安定した企業であれば、自分に割りあてられた仕事を無難に遂行すれば、毎月所定の給与が支払われる。

しかしながら、他方において、「雇われて働く」ことの「不自由さ」もある。上司の職務命令には従わなければならないし、就業規則は守らなければならない。労働時間は決められており、休みたくても、勝手に休むことはできないし、遅刻も許されない。そのため、組織の制約を受けず、自由に働きたい独立志向の人間にとって、「雇われて働く」ことは容易ではない。

したがって、自由に働きたいという独立・自立志向の強い人間には、起業は望ましい選択になる（第8章も参照）。これは自己実現欲求の充足が、内発的な動機づけ要因になっているケースである。

もうひとつは、起業の際に「社会に役立ちたい」という使命感を希求する人間もいる。かれらは、社会的にみて意義のある事業を立ちあげ、社会の改革・改善を重要視している。どの企業にも社会的使命はあるが、とくに社会的な課題の解決に事業のシーズ（タネ）を求めるので、この場合は、「社会起業家」と呼ばれている（第2章も参照）。つまり、高邁（こうまい）な社会貢献という「価値観の実現」が、起業の動機づけ要因になっているケースである。

この「価値観の実現」は、「経験の蓄積」や「学習成果の活用」と組みあわされることで、強力な起業の推進要因になる。

### (3) 外発的な要因の事例
① 失業や解雇の状況

外発的な要因による起業としては、前述の「就職先がみつからない」、「解雇されて、しかたなく起業するしかなかった」という事例がある。アメリカの文献などに見

られるような、「移民のため仕事がなく、また雇用される見込みが低いので、不本意だが起業する」というような事例である。

　しかし、わが国では、「雇われて働く」ことが一般的なため、仮にある会社で解雇されても、多くの場合には、別の会社への再就職を求める。そのため、解雇や失業が必ずしも起業につながっていない。これは、欧米のように、個人主義の風土も、「労働力市場の流動化」も、それほど徹底していないからである。

　1990年代の雇用リストラが進行する状況にあっても、メディアの批判対象は、雇用・採用を渋った企業に向けられており、起業・自営しようとしない働く人びとではなかった。つまり、世の中の論調は、経営家族主義的な風土を前提にして、「企業が人員整理を行うのは望ましくない」というもので、リストラの対象者にはむしろ同情が集まっていた。つまり、日本の場合には、失業や解雇のあとにくるのは、ほとんどが再就職であり、起業は一般的ではなかった。

②　メンターの誘い

　外発的な要因による起業として、「メンター」（mentor）の誘いに応じるケースもある。メンターとは、個々人がキャリア開発する際の助言者・指導者・支援者のことである。メンターは、個人に仕事やキャリアに関する助言・指導をするだけでなく、さらに、スポンサー的な役割をも果たし、場合によっては、取引先の紹介や金銭的な支援を行うこともある。

　メンターは、上司のマネジャーがなることもあるが、社外の人間であるケースもみられる。そのため、社外メンターから、起業の「誘い」がくることがある。社外メンターは、つねに目ぼしい人物の仕事ぶりを注目しており、それを評価して、「自分で会社をやってみないか」と誘いのオファー（提示）を行う。たとえ、会社内部の事業・プロジェクトの完成であっても、それは、社外の関係者にも知られている。そこで、いい仕事をすると、本人の自信となるが、同時に、社外の人間もそれを評価しており、社外メンターからの「引き」や「誘い」をうけることになる。そして、その人物がオファーに応じ起業した後にも、メンターは継続的に支援することが多い。

③　人的ネットワークの構築

　さらに、起業の外発的な要因としては、人的ネットワーク・協働の影響もある。自分ひとりでは、なかなか起業に踏みきる決断ができない場合でも、同じ考えや思いをもつ仲間が集まると、起業に進むことがある。かれらは、単なる友人ではなく、いわゆる目的を共有する「同志」であり、起業への意欲が刺激されて、一気に高まること

がある。

たとえば、都市部で女性たちが仲間とともに、安心・安全な食料品などを調達（共同購入）する目的で、協同組合のような組織を立ちあげたケースがある。また、農村部では、女性たちが仲間とともに、地元産の農産物を処理・加工する企業を立ちあげている。さらに、若者や高齢者にも、仲間どうしで起業するケースが見られる。大学では、仲間によるネットワークが、大学発ベンチャーや各種のイベントを立ちあげている。

このように、目的や価値観を共有する同志的なネットワーク・協働もまた、有力な外部的な要因である。自分が大切にしている「価値観の実現」という欲求は、先に見たように、個人にとって起業のひとつの動機づけになるが、他者との価値観の共有も大きなキッカケとなる。

## 第3節　ふたつの転機からみた起業

### (1) 転機の意味とタイプ

ライフやキャリアのなかに、トリガーともいわれる起業するキッカケがあるが、それは、自分のライフやキャリアを大きく変えるので、人生の「転機」ともいえる。

「転機」には、アメリカの起業家研究によると、ふたつのタイプがあるという。すなわち、「不満の解消行動」型と「チャンスの活用行動」型である。

前者は、ライフやキャリアのなかで、直面する「不満」を解消したい欲求が強くなり、起業に至るものである。そして、後者では、手に入れたチャンスを活かして、起業することになる。つまり、不満をなくしたいという気持ちと、チャンスを活かしたい気持ちのふたつが、起業の動機づけになる。

以下では、この転機を、これまで述べてきたキッカケに関連させて、検討していこう。

### (2) 「不満の解消行動」としての起業

人は、ライフやキャリアを送るなかで、しばしば不満や不本意な状態になる。多くの人間の場合は、少々の不満であれば、がまんすることができ、そのときの職場や企業で継続して働き続けられる。しかし、「もはやがまんができない」となれば、転職して他社に移るか、起業することになる。

この「がまんができない」不満の事例は、外部的要因の①で述べた、失業や解雇である。この場合、仕事がなくて、生活を維持できないので、当然、消去法的に起業が選択肢のひとつになってくる。また、失業や解雇ではないとしても、「上司のリーダーシップに欠陥がある」、「職場の人間関係が悪化している」、「人事上の処遇が不公平である」など、職場での不満が、「もはや許容できない」のであれば、その職場にとどまることはできない。そこで、転職や起業といった、新たな道を選択することになる。

　かつての日本人は、所属する会社の不満に対しては、比較的に忍耐強く、会社への忠誠心をも示してきたが、それは、現在では大きく減退している。そして、個々人が起業に向かうというのは、この不満を回避し、解消したいという動機づけが作用していることを示している。

### ⑶ 「チャンスの活用行動」としての起業

　ライフやキャリアのなかで、なにが起業のチャンスになるのか、わからないことがある。また、チャンスと思って取り組んだものの、なかなかうまくいかないこともある。

　しかし、チャンスは確実にある。たとえば、先に述べた事例でみると、MBAや専門資格の取得後に、開業したケースや、比較的困難な事業・プロジェクトを完成させ、自分の経験や能力に自信をもてるようになり、起業したケースなどが、「チャンスの活用行動」である（第5章も参照）。

　さらに、趣味・教養活動から獲得した経験（知識・スキル）や、学生時代に行ったアルバイト経験に、チャンスを見出すこともある。

　もうひとつは、外部の環境にチャンスを見出す場合である。先に述べたように、メンターがあらわれて起業を勧誘するかもしれない。それに応じて起業すれば、まさに「チャンスの活用」になる。また、第一次産業で出荷されず、廃棄されてしまう農産物や水産物を、資源として利用して、商品化するという起業のケースも、この事例となる。

　なお、ふたつのチャンスが重なり合うこともある。たとえば、困難な事業の完成で自信をもった人間が、メンターからのオファーに応じたような場合である。それは「チャンスが、チャンスをつくりだしている」ことになり、「チャンスの二重性」といえる。

## 第4節　女性による「起業」の推進要因

### (1) 女性の進出と就業を抑制している環境

　男女共同参画の考え方が浸透し、女性の職場進出や高学歴化も進展してきた。その結果、あらゆる産業分野・職種部門において、女性の働く姿はごく普通の風景になっている。女性の職業能力を高く評価する人びとは多いし、また、女性が活躍して、能力を発揮している企業は、高業績になっている、という調査報告もある。

　しかし、女性の継続就業を抑制・阻止している社会環境が、依然として残っており、多くの女性にとって、既存の企業は、働きづらいものである。男女雇用機会均等法や男女共同参画社会基本法など、法律的には男女間の差別をなくし、機会均等を追求してきたが、現実には、必ずしも社会全体が「男女平等」、「機会均等」に転換したとはいえない。

　わが国では、男性中心の長時間労働の職場が多いなかで、いまだ性別役割分業が再生産されており、多くの女性には家事・育児・介護などの負担が課せられており、男性ほどに仕事に専念できる環境にはない。現状では、女性が、仕事に専念しようと思えば、家事・育児などとの両立に悩み、家族的責任を担う役割上のコンフリクト（葛藤）をかかえる。近年、日本の企業も、「ワーク・ライフ・バランス」（仕事と生活の調和）を重視してはいるものの、働く女性のための抜本的な環境改善は、なお求められている。

### (2) 女性起業の推進要因

　企業が、人事処遇を含めて、働く女性の労働条件や環境を改善しなければ、女性はその能力を発揮することができない。このような女性の働きづらい職場環境のなかでは、皮肉なことであるが、「不満の解消行動」によって、起業する推進力が生まれるのかもしれない。

　根強い性別役割分業意識のなかで、少なくない女性たちは、家庭生活や地域の人びととの交流をベースにして日々生活しているが、そのなかに、起業のシーズ（タネ）となる各種のニーズがひそんでいる。つまり、彼女たちは、日常生活上の不満を直接実感しているので、そのことが逆に、「生活の充実」をはかり、社会を元気にするニーズや、日々の暮らしに密着したニーズを把握しやすくしているといえる。ここに、起業のキッカケがある。

NOTE

したがって、女性の起業には、前述した、社会的な使命を重視する傾向があるだろう。つまり、「利益の拡大」や「企業規模の拡大」などの経済的動機よりも、個人生活の尊重をベースにし、社会的な課題を解決し、生活の充実や社会の改善に貢献することのほうが優先されている。

女性がつくる企業の多くは、働く人びとが対等な関係にあったり、労働時間も比較的自由で、組織も風通しの良いフラットな協働組織になっている。このような女性による企業は、「21世紀の企業モデル」のひとつになるであろう。

もちろん、経営に関する知識が不足していたり、借り入れに消極的で、投資に限界がある、などの問題もあるかもしれないが、メンターの支援や仲間とのネットワークの構築があれば、女性は確実に起業することができる。

## 第5節　まとめ

本章では、まず起業をうながす要因であるキッカケを考察した。それには、内発的な要因と外発的な要因がある。起業の内発的な要因は、「これまでに蓄積した経験や学習成果を活用したい」、「自分の価値観を実現したい」などの内面の欲求・動機のことである。外発的な要因は、失業・解雇などの身辺の状況、メンターからの誘い、ネットワーク参加など、外部からの刺激・影響のことである。

これらが起業のキッカケである。それは、ライフやキャリアのなかの「転機」になり、それには、ふたつの場合がある。すなわち「不満の解消行動」として起業する場合と、「チャンスの活用行動」として起業する場合である。

現在、起業主体として、女性の活躍が期待されている。女性の起業のキッカケについては、生活の充実をはかり、社会を元気にしようとするケースが多いが、生活感あふれるニーズの把握こそ、起業を行うための源泉となろう。

《One Point Column》

### やってみよう！　キャンパス起業体験

大学のなかで起業の体験をしてみよう。学生や地域住民を顧客にして、ビジネスを試みることで、起業体験ができる。そこで、友人やゼミの仲間たちと一緒にキャンパスでどのような起業ができるかを考えてみよう。

(1) 本章の内容を要約してみよう。

(2) 本章を読んだ感想を書いてみよう。

(3) 説明してみよう。

① 学習成果の活用とは、なんでしょうか。




② 不満の解消行動とは、なんでしょうか。




③ メンターの引き（誘い）とは、なんでしょうか。




(4) 考えてみよう。仲間とのネットワークの構築が、起業の推進要因の外部的なものとされているが、その理由や背景を考えてみよう。

(5) 調べてみよう。女性による起業の事例を取りあげ、その推進要因が、どのようなものであるかを調べてみよう。

経営学のススメ③

# 企業経験を活かす起業

### 1．大企業出身の学生起業家──「株式会社じげん」の平尾丈

　1982年生まれの平尾丈は、高校3年の時に、テレビ番組で紹介された慶応義塾大学のIT系学生起業家に憧れ、起業の念を抱くようになった。大学に進学したが、イメージと現実のギャップが大きく、落ち込む時期があった。

　彼は、自分の行動や考え方の模範となる人物を改めて探すことにし、飛び込み営業などの方法を使い、きわめて多くの起業家や政治家、スポーツ選手などに会っている。

　また、ソフトバンクの孫正義が学生時代に1日にひとつのビジネスアイデアを生み出したことを知り、それを上回る1日に3つのアイデア創出を目指した。その結果、彼が実行したビジネスは100を超え、そのうちのふたつを法人化し、ITベンチャーの学生起業家となった。

　実力だめしに行った就職活動で、自分の会社の経営と就職の両立が認められたのがリクルートであった。経営者としてのキャリアアップを目指すために、彼は大学卒業の2005年に、起業家の身分のままリクルートに入社した。

　リクルートでは、最初に、新卒学生の採用に携わり、人材を見きわめる目を養った。その後、希望したインターネット・マーケティング部に異動したが、そこで自分の無力さを知る。しかし、彼はそのような状況を克服するため、超時間勤務をいとわず努力した。

　やがて彼の仕事が認められ、入社1年目の秋には、社内の新規事業プランコンテストに複数入賞を果たした。それをきっかけに、新規事業開発室に異動し、2006年にドリコムとリクルートが共同出資するドリコムジェネレーティッドメディアに出向した。

　このとき平尾は、ベンチャービジネスの社長、リクルートの社員、ドリコムジェネレーティッドメディアの取締役という3足のわらじをはいているが、経営に専念するために、ベンチャービジネスとリクルートを退社している。そして、3足目で彼は、2008年に代表取締役に就任し、2010年には同社を親会社から独立させている。「OVER the DIMENSION（次元を超えよ！）」という想いを経営理念にこめて、彼は社名を、じげんに変更した。さらに、じげんは2013年に東証マザーズへの上場を果たした。

　じげんは、現在ライフメディアプラットフォーム事業を中心に、複数のインターネットメディアの情報や企業の情報を統合できる転職EX、派遣EX、アルバイトEX、賃貸スモッカ、婚活EXなどのサイトを運営している。

## 2.「シリアル・アントレプレナー」から大企業の執行役員へ
### ——「iemo 株式会社」の村田まり

　新しい会社をつぎつぎと立ち上げる起業家のことを「シリアル・アントレプレナー」（連続起業家）とよぶ。日本初の女性シリアル・アントレプレナーが、iemo の村田まりである。

　彼女の夢は歴史小説家になることで、早稲田大学の文学部に進学した。しかし、大学で受けたパソコンの授業が、その後の人生を一変させた。インターネットの面白さに引き込まれ、2年生の時に自分でプログラムしたコミュニティサイトを立ち上げた。

　彼女はインターネットをさらに勉強したく、1999 年に、設立間もないサイバーエージェントに就職した。そこで、彼女は6つの新規事業に参画した。2005 年には、26歳でコントロールプラスを設立し、Web 制作の事業をスタートさせた。

　しかし、その後、業界では競合企業が増え、きびしい経営状況におちいる。中国のインターネット・ビジネスを視察した彼女は、ソーシャルゲームの将来性に期待を抱き、事業転換を決心した。そして、2009 年にソーシャルゲームへの事業転換を成功させた。しかし、事業拡大を考えた時期に、村田は出産や子どもの病気に直面している。そこで、自社に企業文化が近い株式会社 gumi に、会社を売却する決断を下した。

　子どもの病気を治すために、彼女は仕事と子育ての両立環境が整っているシンガポールへ移住した。2013 年に、遠隔でキュレーション・メディア『iemo』サイトを運営する iemo 株式会社を同地で設立し、主に家と住まいに関する情報提供を始める。キュレーション・メディアとは、ある特定のテーマや切り口をもとにしたインターネット情報の取捨選択、分類、まとめなどを行うものである。

　自社のサービスをよりスピーディ、かつより多く利用してもらうことをねらい、彼女は創業して9カ月で iemo を DeNA に売却し、同時に同社の執行役員に就任した。

　ふたりの起業家はともに大企業での経験を活かしていることと、自分の目的を達成するために、ひとつの働き方にこだわらず、柔軟に変更している。つまり、起業はキャリアのゴールであり、同時にスタートでもあるといえる。

（設問1）　株式会社じげんのビジネスモデルについて調べてみてください。
（設問2）　日本の代表的なシリアル・アントレプレナーとして、どのようなひとがいるか、調べてみてください。

（馮　晏）

# 第4章
# 起業の主な形態と効果

　起業には、さまざまな方法や形態がある。これには、新しい企業を設立する、他企業を購入・買収する、既存のフランチャイズ・チェーンに参加する、などがあり、それぞれに一長一短がある。
　そして、起業することには、ふたつの効果があると考えられる。個人にとっては、それはキャリア開発や自己実現の一環であり、他方、社会にとっては、経済活動の活性化という効果がある。したがって、起業という行為は、それを実行する個人にとっては、自己の自立と成長に影響を与えるとともに、他方では社会的に貢献するという意義をもっている。
　本章を学習すると、以下のことが理解できるようになる。
① 起業には、新規に企業を設立する方法のほかに、既存企業の購入・買収、フランチャイズ・チェーンへの加盟などの方法もあり、それらには一長一短があること。
② 起業することの個人的な意味は、経験による自己成長、自活と自立志向のキャリア開発、自己実現と社会への貢献などであること。
③ 他方、起業のもたらす社会的な意味は、雇用の創出効果、イノベーションの推進、地域経済の活性化、経済成長への貢献、「働き方文化」へのインパクト、であること。
④ 「起業する」という新しい生き方・働き方は、個々人が、21世紀の企業社会を生き抜くための、有力な選択肢のひとつであること。

## 第1節　起業の形態

### (1)　3つの起業タイプ

　起業には、以下の3つのタイプがある。① ゼロから新しい企業を設立して、ビジネスをスタートさせる起業、② すでに活動している既存企業を購入・買収する起業、

③ フランチャイズ・チェーンの加盟店になる起業である。

　このうちのどのタイプを選択するかは、起業する主体のおかれた条件（資金・能力・立地・興味・関心など）によるが、最終的には、起業する個人の考え方による。以下において、それぞれのタイプの特徴について考察しよう。

### (2) 新規企業の設立による起業

　「起業する」ことの典型的なイメージは、新規企業の設立であろう。自分の起業プランの実現を願う個人が、周囲の企業・金融機関・個人などの支援を受けながら、みずからが新規に企業を立ちあげるタイプである。このタイプは、たとえば、従来にない新規の製品やサービスを開発したり、高品質・高ブランドの製品やサービスを、まったく新しい方法で製造・販売するような場合である。

　一般に多くの人びとが行う起業は、このタイプである。そこでは、自分がイメージし、考え抜いたビジネスモデルを実現するために、企業を設立する。

　必要な資金は自力で調達・用意するので、自分が企業のオーナー（出資者）であるとともに、経営者になる。したがって、「なんとか成功させたい」、「絶対に失敗したくない」という、「わが社」に対する思い入れや執着心は、きわめて強固である。

　この場合、ゼロから新しい企業を設立し、事業をスタートさせるのだから、起業準備のために、多くの時間やエネルギーを使い、いろいろな情報を収集して調査・研究・検討しなければならない。新規企業の設立にあたっては、どのような会社形態にするのかという問題もある。個人企業にするのか、株式会社にするのか、合同会社にするのか、NPO法人などの組織にするのか、など企業の組織形態についても、検討・決定しなければならない。

　起業には、挫折や失敗のリスクがつきまとうので、周到な準備を怠たることはできない。慎重に準備しないと、早々に挫折・失敗してしまうことになる。

### (3) 既存企業の購入・買収による起業

　起業には、既存企業の購入・買収によって行う場合もある。これは、すでに活動している他の企業の購入・買収によって、「起業する」という方法である。

　この場合、既存企業を購入できる資金がなければ実現できない。つまり、資金がなければ、この方法は採用できないが、資金さえ調達ができれば、進出したい分野の企業を購入・買収が可能となる。このタイプは、まさに"buy company"である。

NOTE

既存企業を買収する起業のメリットはなにか。それは、買収対象の企業が、現在活動しているため、一定の経営資源が確保・保有されており、起業準備のための手間ひまをかけずに、手っとりばやく事業をスタートできることである。(2)で述べたように、ゼロからの出発になる新規の企業設立の場合には、かなりの時間やエネルギーを費やさなければならないが、それらの作業と手間を省くことができる。

　しかし、既存企業を買収する場合には、事前に、対象企業の内情や買収金額について、十分に調査・検討しておかなければならない。とくに、企業の業績、事業の内容、債務の状況、競合他社の動向、市場の動向、経営資源の状況、企業文化なども点検し、その企業を自分の起業イメージに変えることができるかどうかを、検討する必要がある。

　また、財務関係や人事関係に問題があると、事業の展開にとって足かせになりかねない。つまり、買収対象の企業に対する事前の点検・評価を適切に行わないと、買収してスピーディに起業しても、うまくスタートを切れない結果にもなる。

　かつてのわが国では、M&A（merger & acquisition、吸収合併）は、あまり多くは行われていなかったが、現在では、企業の売り買いは、ごく普通に行われており、既存企業の買収は珍しくない。

### (4) フランチャイズ・チェーンへの参加

　フランチャイズ・チェーン（franchise chain）とは、フランチャイザー（franchiser）といわれる本部と契約を結んで、加盟店つまりフランチャイジー（franchisee）になることで、自分で事業を展開する起業である。本部であるフランチャイザーは、資本関係のない独立の店舗所有者に対して、加盟店になるように募集し、契約を結び、その後は、加盟店は本部と同じブランドや経営システムのもとで、本部と協力して活動する。セブン-イレブンなどのコンビニ（エンス・ストア）の形態が、その典型例である。

　本部は、チェーン全体としての経営戦略の決定や経営システムの開発を行うとともに、加盟店を指導・支援し、その見返りとして加盟店から一定の指導料を得る。とはいえ、加盟店は、本部との資本関係がなく、独立しているので、実際に出店に必要な各種の経費については、加盟店がみずから負担しなければならない。

　フランチャイズ・チェーンというやり方は、本部の側からみると、資金をかけずに店舗を増やせるというメリットがある。そして、加盟店の側には、本部のブランドや経

営システムを使用し、本部の指導・支援を受けられるというメリットがある。

　このやり方は、コンビニなどの小売業のほかに、サービス業、外食産業などでも採用されており、これらの分野で起業しようと考えている人間には、参入しやく便利である。つまり、経営のノウハウや仕入れなどを十分に知らなくても、本部の指導どおりに行えば、加盟店を運営することができる。

　しかし、本部の指導・支援が、かえって加盟店の自由の束縛だと思うことがある。そうなると、自分の店舗を自分で経営できるとはいえ、自分のために働くというより、本部のために活動していると思うようになるかもしれない。

## 第2節　起業することの個人にとっての効用

　「起業する」ことは、個人にとっては、人間として自己成長するという効用・意義がある。以下において、これを具体的に考えてみよう。

### (1) 経験による自己成長

　「起業する」ことは、企業組織のなかで、特定の仕事を遂行する場合とは異なり、いろいろな体験を行い、目の前に生起する難題・課題をたえず自分で解決し、創造的に活動しなければならない。このような経験が、起業する人間を自己成長させるのである。

　たとえば、起業を準備する段階では、自分が扱う製品やサービスが、商品として売りものになるのか、類似の競合品と比較して強みはあるのか、どのような方法でどこに売りこむのか、該当商品の製造を引き受けてくれる企業はあるのか、必要な資金はどのように調達するのか、信頼できる協力者は得られるのか、などさまざまな問題に直面する。

　それらの問題に対応するために、みずから情報を集めたり、調査・検討したり、他人と会って相談したり、見聞を広めたり、いろいろな経験をする。場合によっては、実際に企業の現場で働くこともある。

　この経験のなかで人間は日々成長する。まさに「経験が人間を育てる」のであり、経験こそが、人の成長を支える。そして、経験の幅を拡げ、積み重ねることで、人間的にも深みを増して、さらに成長を促進する。

　「起業する」ことは、それを行う人の自由な発想にもとづく創造的な活動でもあ

る。起業にともなう多くの問題に対応するためには、前述のようなさまざまな経験だけでなく、創造的な活動が必要となる。この創造的活動の遂行も、起業主体の自己成長につながっている。

### (2) 自活と自立志向のキャリア開発

起業は、個人がみずから企業をつくり、経営していくことであるが、それは、企業に「雇われて働く」というワーキング・スタイルとは、根本的に異なった生き方・働き方である。日本人は、長い間「雇われて働く」ことに慣れてしまい、働くことは、おおむね企業に「雇われて働く」ことと同じ意味になっている。

しかし、起業は、自活・自営という生き方・働き方であり、「自分で自分を雇って働く」といえるスタイルである。あくまでも、自活・自営であるから、頼れるのは自分であり、そこには自信・プライド・勇気をもち、自分のキャリアや人生を自分で切り開いていく、アクティブな気概が求められる。

「起業する」ことは、21世紀の企業社会を、個々人が生きていく際の、有力な選択肢のひとつであろう。とくに「労働移動の時代」となり、「労働力市場の流動化」が進展するなかにあって、もはや、企業だのみのキャリア開発は、時代おくれであり、みずからの人生やキャリアは自分で切り開くことが求められている。個人にとって、起業という生き方・働き方は、自活・自営という自立志向のキャリアづくりでもある。

### (3) 自己実現と社会貢献につながる起業

「起業する」ことは、自分の描く事業モデルや理想を実現することであり、その意味では、個人の自己実現につながっている。

現在、働く人びとにとって、自己実現の欲求を充足させ、満足させることが、モチベーションを刺激し、組織貢献を得る意味でも大切である。簡潔にいうと、個々人の、「なりたいと思う自分になる」という自己実現の欲求を満たすことであり、そのような仕事にたずさわることが、この欲求の充足に役立つことになる。それは、仕事の内容自体が、働く人間にとって、望ましい「職務充実」なのである。

もっとも、現実の企業組織にあっては、仕事に自己実現はないと断言する人もいれば、心のもち方ひとつで、単純な仕事であっても、自己実現を感じることができるという人もいる。

*NOTE*

しかし、「起業する」ことは、スタート時点から自己実現につながっており、いろいろな経験や創造的な活動を通じて、自己実現の欲求を充足させている。また、多くの起業人材にとっては、それまでの企業組織における閉塞感や束縛感から解放され、自由な発想で自分のイメージする事業を実現したいと思うからこそ、起業に着手したのであろう。この自己実現欲求の充足こそが、起業のもっとも大きな効用である。

それとともに、それは社会貢献にもつながっており、それについては、次節で考察する。

## 第3節　起業のもたらす社会的な意味

### (1) 雇用の創出効果

起業することの第1の社会的な意味としては、雇用機会の創出効果があげられる。起業しても、すぐに企業が成長したり、雇用する従業員が増加するわけではない。おそらく、当初は、雇用する従業員は比較的少数であろう。しかし、少数とはいえ、雇用を創出しており、やがて事業が成功し、企業が大きく成長すれば、雇用する人数も増加するであろう。

わが国では、1990年代冒頭のバブル経済の崩壊以降、大企業を中心にして、雇用リストラが大規模に展開され、雇用労働力の外部への排出（人員整理・雇用調整）が行われ、新規採用も抑制されてきた。また、正規社員の削減に対応するかたちで、非正規社員が増加し、雇用機会の減少など、雇用の不安定化が社会現象となった。

さらに、企業の廃業率が開業率を上まわるという傾向が続き、2000年代に入ってから、わが国では、小規模企業（製造業で20名以下、その他の業種では5名以下）の減少が顕著になっており、地域の衰退が進むとともに、雇用労働力の縮小が進展している。

このようななかで、起業は、雇用を生みだす重要な源泉になる。つまり、起業には、雇用創出という重大な社会的な意義がある。

### (2) イノベーションの推進

第2の社会的な意味としては、イノベーション（革新）の創出があげられる。もちろん、必ずしも、すべての起業が、社会にイノベーションを発生させるわけではない。

NOTE

しかし、研究開発型のベンチャーやIT系のベンチャーなどは、確実にわれわれの生活や社会を大きく変えてきた。たとえば、スマホなどのIT分野では、新規の製品やサービスの台頭により、生活者のライフスタイル（生活様式）だけでなく、企業内での仕事の内容とすすめ方や、ビジネスのあり方を大きく変革してきた。その結果、多くの人びとが実感しているように、毎日の生活や仕事の場の風景（シーン）が、かつて見られたものから激変している。

　社会的なイノベーションの推進は、研究開発型のベンチャーのみが担っているわけではない。たとえば、日常生活に密着しているサービス業、小売業などの分野でも、これまでにない新しい製品やサービスの開発によって、さまざまなイノベーションを起こしている。これにより、われわれの日々の暮らしは、豊かで、便利なものとなっており、豊かな社会の構築に役立っている。

　もっとも、イノベーションの推進は、起業だけでなく、既存の企業においても行われている。既存の企業にとっても、企業間の競争に勝ち抜き、生き残るために、研究開発に力を入れ、新しい製品・サービスを開発して、イノベーションを推進することは不可欠である。したがって、起業であれ、既存の企業であれ、双方にとって、イノベーション推進の意味は大きい。

### ⑶　地域経済の活性化

　第3の社会的な意味は、地域経済の活性化・再生への貢献である。わが国では、超高齢社会・人口減少社会の到来や、小規模企業の激減などの要因により、地域の衰退が急速に進行している。

　少子化と超高齢化が同時に進展すると、近い将来、高齢者の多死化も進み、人口は減少して、地域の衰退はますます激化する。いわゆる「限界集落」や消滅可能な自治体数は、増加の一途をたどっている。

　かつて、地域のシンボルであったメイン・ストリートの商店街も、「シャッター通り」と化し、「歯抜け現象」になっている。そして、期待を込めて誘致した企業の多くも、グローバルな経営戦略の展開のなかで、撤退せざるをえない状況になっている。

　さらに、伝統的な地場産業も、後継者問題や販路問題などに直面し、きびしい経営を強いられている。これらの結果として、自治体行政は、企業からの税収があがらず、財政難におちいっている。

このようななかで、起業が行われることは、地域経済だけでなく、地域社会の活性化の役割を果たすことになる。したがって、地域で起業を実行したり、それを支援することは、きわめて重要な社会的意味をもっている。

### (4) 経済成長への貢献

第4の社会的な意味は、経済成長への貢献である。とりわけ、急速に衰退する地域社会において起業することは、地域経済の活性化や再生化に貢献するが、マクロ経済的には、国の経済成長にも役立つことになる。

わが国の経済の基調は、現在、低成長のなかにあるが、別の観点でいうと、「成熟経済」の状態にある。多くの生活者は、かつての貧しい時代とはちがって、物質的には豊かな生活を享受している。そこで、最低限の生活必需品が不足するという状況ではなく、多くの生活者は、より良質の製品・サービスを求めている。そして、製品・サービスに対する生活者の目は、きびしくなっている。

したがって、起業しようとする人間にとっては、新しいアイデアにもとづく製品・サービスを開発できれば、きわめて大きなビジネスチャンスとなる。そして、そのチャンスを活かそうとする人間が増加すれば、社会的なイノベーションが推進され、豊かな社会の構築だけでなく、経済成長にも貢献していくことであろう。したがって、そのような起業人材が多くでてくることが期待されている。

### (5) 「働き方文化」へのインパクト

第5の社会的な意味は、わが国の働き方文化へのインパクトである。他の章でも述べているが、わが国では、企業で「雇われて働く」というワーキング・スタイルが定着し、一般化している。

それは、労働力以外に売るべきものを何ももたない「賃金労働者」の特徴でもあり、日本が、高度に発達した資本主義国であることの、ひとつの理由を示している。

しかし、日本経済の先行きが、不確実性のもとで見えにくく、不安定な雇用が増加し、企業組織と一体化する人が減少するなかでは、「起業する」という、自活と自立志向のキャリア開発の人びとが、増加するのも必然である。

とすれば、「雇われて働く」だけのワーキング・スタイルから脱却し、新たな働き方文化がつくりだされてくる。その意味では、起業が増加し、一般的になるならば、これまでの働き方文化を大きく変化させるであろう。

NOTE

# 第4節　まとめ

　本章では、起業の形態、起業の個人的な意義、起業の社会的な意義を考察し、新しい生き方・働き方として、「起業する」ことを推奨している。

　「起業する」には、3つの方法・形態がある。「ゼロから新規企業を立ちあげる方法」、「既存企業を購入・買収する方法」、「フランチャイズ・チェーンに加盟する方法」である。それぞれのものには、一長一短があり、どれを選択するかは、自分の能力・資金・立地・環境・関心などを考慮して判断するしかない。しかし、身のたけに合わない選択、つまり、状況に適応しない意思決定を行うことになれば、失敗につながることであろう。

　「起業する」ことが、その個人に対する効用・意味は、自己成長、自立志向、自己実現および社会貢献などである。多くの起業人材は、企業組織で働いているとすれば、企業組織がもっている束縛感から解放されて、自由に自分のビジネスプランを実現したい思いで起業することであろう。起業によって得られる「やりがい」と「生きがい」こそは、個人を大きく成長させることになる。

　さらに、起業が社会に対してもつ意味については、雇用創出、イノベーション、地域経済の活性化、経済成長への貢献、雇われて働く文化へのインパクトなどである。「起業する」ことは、これらの5つの社会的な意味に貢献する。

　21世紀の企業社会を生き抜くには、さまざまな方法がある。企業組織と一体化し、企業人としてキャリアを送っていくという生き方・働き方も選択肢であろうが、企業組織から離脱し、自由と自己実現を求めて、起業人材になる生き方・働き方も選択肢のひとつになるであろう。いずれの場合においても、個人の自律性が不可欠な時代に突入している。

---

《One Point Column》

**環境に起業機会を見つけよう！**

身辺の環境を調べて、起業の機会（チャンス）を発見してみよう。大学という場は、専門科目の学習を通じて自分を向上させ、将来の仕事やキャリアに役立てるとともに、社会的・経済的な環境を調べて、みずから起業機会を見つける場でもある。

(1) 本章の内容を要約してみよう。

(2) 本章を読んだ感想を書いてみよう。

(3) 説明してみよう。

① 既存企業の購入による起業とは、なんでしょうか。

② 経験による自己成長とは、なんでしょうか。

③ 起業による地域経済の活性化とは、なんでしょうか。

(4) 考えてみよう。起業が個人の自己実現だけでなく、社会貢献につながる理由や背景を考えてみよう。

(5) 調べてみよう。新規企業を立ちあげる際には、会社の法的形態を決めるが、株式会社と合同会社のどちらが簡易に設立できるか、調べてみよう。

**経営学のススメ④**

## 元祖・学生起業家の経営理念──堀場雅夫の「おもしろおかしく」

　学生時代に起業した経営者のパイオニア（元祖）は、だれであろうか。知名度の高い学生起業家の代表者には、リクルート社やぴあの創業者などがいるが、堀場製作所を創業した堀場雅夫がよく知られている（『ベンチャー通信』2009年3月、38号）。1924年生まれの堀場は、第二次世界大戦に敗戦した2ヵ月後の1945年10月に「堀場無線研究所」を創業している。このとき、彼は京都帝国大学（現在の京都大学）の理学部に在学中であった。

　敗戦によって原子核物理学の研究が自由にできると彼は考えていたが、大学の核実験設備はすべてが米軍によって破壊されており、卒業後、大学に残っても研究が行える状態ではなかった。考え、悩んだ結果が「堀場無線研究所」の設立であり、自力で自分のやりたいことを行うための起業であった。

　もっとも、起業したものの、経営を存続させるための活動に追われている。企業は採算をとり、利益をあげていかなければならなかったからであり、成功しそうに思えた電子部品製造の新事業も1950年の朝鮮戦争の極度のインフレの影響をうけて中止せざるをえなかった。

　このときにかかえた借金を返済するために、彼は技術開発に挑戦している。そのなかで生みだされたのが、国産初のガラス電極式pHメーカーという産業用分析計である。この製品は、食品企業の必需品といわれるが、この開発の成功によって、1953年に現在の「堀場製作所」を設立している。

　それ以降、同社は分析機器のリーダー的な企業として、技術開発をまい進している。1964年に自動車の排ガス測定装置を開発し、モータリゼーションの進展によって発生した環境問題の解決に貢献したことは、その一例である。1970年から80年代以降になると、アメリカへの海外進出や株式市場への上場に成功している。このようにして、堀場製作所は研究開発型企業として確実に成長を遂げてきた。

　堀場の技術開発を支えたのは、「京都人のこだわり」と「好きなことをやりぬく姿勢」であるという。前者については、京都という地域は伝統を大切にするだけでなく、革新を生みだすカルチャーをもっており、京セラ、日本電産、オムロン、ロームなどのベンチャービジネスを生みだし、それらはグローバルな企業にもなっている。

　堀場の言葉でいうと、「京都人はホンモノ志向です。人マネをしないので、オリジナリティのあるオンリーワン商品が生まれやすい」（前述の『ベンチャー通信』、7ページ）ことになる。

後者の好きなことをやりぬく姿勢とは、同社の経営理念である「おもしろおかしく」という社是に関連している。かつての日本企業は顧客への奉仕や信用とともに、企業で働く従業員を大切にするといったことを経営理念にするところが多かった。そして、今日では各種のステイクホルダー（利害関係集団）に対する責任を明示し、企業の社会における機能や位置づけを表明している。また、グローバル化する変化する環境のなかで活動していることを前提に、革新（イノベーション）や創造性重視の経営に挑戦するとしている。

　このようななかで、堀場の「おもしろおかしく」は異色かもしれない。この言葉は同社の経営理念であるとともに、堀場自身の生き方の表明にもなっている。むしろ、彼自身の生き方の指針になったものを同社の経営理念にしている。

　彼は、多くの著書を書いた経営者であるが、『イヤならやめろ！―社員と会社の新しい関係―』（日本経済新聞社、1995年）を見ると、自分の人生が挑戦の精神で支えられ、この精神の原動力になったのが、生きがいとしての仕事、つまり「働きがい」であったと述べている。そこで、経営者としての堀場は、自分だけでなく、企業にかかわる人びとに働きがいのある職場を提供しなければならないとしている。「おもしろおかしく」は、この働きがいの提供を実現するために考えられている。

　「おもしろおかしく」を追求するための前提になるのが「イヤならやめろ」であり、これをどこまでも徹底する必要がある。イヤでもやりつづけるのであれば、おもしろおかしくにはならないからである。そして、仕事をおもしろおかしくできるならば、働く本人だけでなく、会社にとって最大の幸福が招来されるというわけである。

　堀場のこのような考えは、他の学生起業家のつくった企業と、ある種の共通性が見られるかもしれない。企業で働いたことのある経験者であれば、イヤでもやりつづけなければならない苦労を知っているが、企業で雇われて働いたことがない学生起業家には、学生のもっているある種の自由さや気楽さが身についているように思われる。起業も企業の経営も学生のサークルのノリで行っているとすれば、「イヤならば、そのような働き方をやめて、楽しく働くようにしたほうがよい」というのは当然の主張なのであろう。

（設問1）「学生起業家」といわれる人間をできれば2～3名調べてみてください。
（設問2）働きがいを大切にする「おもしろおかしく」という経営理念をどのように評価されますか。いろいろな観点から考えてみてください。

（齊藤　毅憲）

# 第5章
# 起業機会の発見

　起業機会は、どのようにして発見するのか。起業機会とは、「ビジネス・チャンス」の一種であるが、それには、主にふたつの機会がある。ひとつは、自分をとりまく変化する環境のなかにある。具体的なチャンスの有無は、自分で調査・分析・評価する必要があるが、環境変化がはげしい現在の状況下では、起業機会は、無限にあるといってよい。

　もうひとつの起業機会は、「自己」のなかにある。したがって、自分の興味・関心・能力・知識・情報・スキルなどを再確認し、自己のなかのチャンスを自覚することが必要である。

　そして、実際に「起業する」ときには、環境のなかのビジネス・チャンスと、自己のなかのそれとを、適切に結びつけるという、適合関係の意思決定が求められる。

　本章を学習すると、以下のことが理解できるようになる。

① 起業機会とビジネス・チャンスとの関係性、および起業機会は、自分をとりまく「環境」とともに、「自己」のなかにあること。

② 「環境」におけるピンチは、チャンスでもあるから、起業機会は無限に存在しており、環境の調査により、チャンスの有無を識別することが求められること。

③ 「自己」のなかにある起業機会とは、「学習・研究した知識・情報」、「仕事上の経験」、「取得した資格」、「趣味・特技」などであり、それらを自覚すること。

④ 起業する際には、環境と自己との適合関係を、うまく結びつける意思決定が必要であること。

## 第1節　起業機会の意味

### (1) ビジネス・チャンスの一種

　企業にとって、ビジネス・チャンス（chance、商機）という言葉は、「このようなチャンスがある」、「このチャンスをうまく使うべきである」などという場合に使用

されている。このチャンスの同義語は、オポチュニティ（opportunity、好機）であるが、対語はピンチ（pinch、threat、脅威）である。

起業機会は、企業を立ちあげる際のチャンスと思える時間・空間を意味しており、それは、ビジネス・チャンスの一種でもある。「起業する」ときには、「起業のチャンスがある」という確信が不可欠であり、その確信があるから、起業に前向きになれるのである。逆にいえば、チャンスであるという確信がなければ、起業の決意はむずかしい。

### (2) チャンスのない時代か

若い人たちは、しばしば、「現在は夢をもてない」、「チャンスのない時代である」という。たしかに、客観的な環境のなかには、希望がもてず、チャンスとも思えない悲観的な状況が大きく立ちはだかっているように見える。はたして、それが真実であるかどうかを、冷静に確かめる必要がある。起業の主体となる人間が、思い込みで「チャンスなし」と即断するならば、当然のことながら、その時点でチャンスは即座に消滅してしまう。

現在は、自分のキャリアやライフ（人生）を自分で自律的に切り開く時代であり、起業人材にとっても、自分が置かれている環境のなかに、チャンスがあるかどうかは、自分で調査・分析・判断する必要がある。同じ事案・事象に関する情報であっても、悲観的な側面をもつ情報が集中することもあるし、逆に、チャンスと思われる側面の情報を入手できることもある。思い込みから出発するのではなく、たえず具体的な事実と冷静に向き合い、それをさまざまな目線で観察することで、正しい認識は生まれる。決めつけることは厳禁である。

現代のように環境変化のはげしい時代では、少しでも気をゆるめると、きびしい脅威にさらされて、苦境に追いこまれ、「ピンチ」におちいることがある。しかし、同時にそれは、他方から見れば、多様なかたちのチャンスの創出をも意味している。

いわば、チャンスとピンチは、「コインのウラとオモテ」、「光と影」と同様の、表裏一体の関係である。明るい光を感じるのは、他面において、暗い影の闇があるからであり、暗い闇だと感じるのは、他面に明るい光の広がりを見ているからである。つまり、光も影も、お互いに、他者が自己の前提になっている同一体の表と裏である。

苦境のピンチに直面したと思っても、他面からみれば、そこには、新たな無数のニーズが生まれており、成功のチャンスがひそんでいる。このように、現在は、ピン

チの時代であるとされるが、見かたを変えれば、同時に、魅力的なビジネス・チャンスが満ちている時代ともいえる。

環境が安定的であれば、チャンスとピンチの「時間と空間」については、ある程度は容易に識別し、予測できる。しかし、環境が激動的であるときには、チャンスとピンチは、いわば同時的に生みだされる。たとえ、環境の状況がピンチに見える場合もあっても、冷静に分析すれば、既存企業にとってのビジネス・チャンスを創出し、起業人材にも、多くの起業機会を提供することであろう。

### (3) 起業機会のもうひとつの源泉としての「自己」

起業機会は、ひとつは「環境のなか」にあるが、もうひとつは「自己のなか」にある。起業する主体は、あくまでも個人であり、周囲の環境ではない。したがって、個人が自己をいかに認識し、いかに自己のなかの起業機会を発見するのか。それは、まさにみずからへの問いかけである。

自己を正しく認識するには、自分の欲求や目標はなにか、自分のもつ知識や能力はなにか、どのような経験を積み実績をあげているか、周囲の自分に対する期待はなにか、などを自問することが役立つであろう。このような自己分析によって、認識される自分の興味・関心・能力・知識・スキル・実績・経験などを、起業に結びつければ、だれでも、自己のなかに起業機会を発見することができる。

もちろん、自己の関心・能力・スキル・実績・経験などのレベルによっては、すぐには起業できないこともあるが、少なくとも潜在的な起業機会はある。これに対して、能力・スキル・実績などの裏付けがほとんどない願望・夢だけでは、起業機会は発見できない。「起業する」ことは、実践的かつ具体的な問題であり、単なる願望や夢物語ではない。もちろん、願望や夢をもつことは大切であり、それが起業にもつながっていくが、裏付けとなるものがほとんどない場合には、起業機会にはならない。

### (4) 起業機会の枠組

「起業する」ときには、ビジネス・チャンスとしての確信が不可欠であり、それなくして起業に進むことはできない。確信があるからこそ起業機会になるのである。

起業機会は、自己をとりまく環境のなかにチャンスを見出す場合と、起業の主体となる個人の関心・能力・知識・スキル・実績・経験などに、チャンスを見出す場合がある。具体的に起業する際には、この両者の結びつきを考えて、意思決定することに

なる。

　つまり、起業の目標がうまく環境に適応しているかどうか、それが意思決定のポイントである。たとえば、自分に活かすことのできる能力などの条件がそろったとしても、市場（マーケット）という環境がきわめて小さい場合には、起業には進めない。しかし、一定の顧客が確保できるという需要予測を確信できるならば、起業に進められる。

　もっとも、類例のない革新的な製品・サービスの提供であれば、現在の市場がなかったり、小さくても、将来的には拡大できると思うかもしれない。また、既存の有力企業との競争がきびしいと判断される場合には、とくに慎重に検討し、意思決定しなければならない。

## 第2節　環境における起業機会

### ⑴　"無限"にある起業機会

　現在の環境変化のなかには、ビジネス・チャンスとしての起業機会は、無限にある。実際のチャンスの有無については、みずから調査・分析・評価しなければならないが、激動する環境は、たえずピンチとともに、魅力的なチャンスをも提供している。

　たとえば、現在のトレンドとして、たえず科学技術の革新が行われており、業種・業容を越えて、多方面に大きな影響を及ぼし、新製品の開発がくり返され、業種の盛衰や新陳代謝を激化させている。

　これらの動向は、既存の企業だけでなく、起業人材にとって、ビジネス・チャンスの源泉である。その結果、この間、研究開発型のハイテク・ベンチャーが多く誕生してきた。それらの企業の多くは、規模こそ小さいが、大企業で働くよりも自由度が高く、やりたいことのできる可能性が高いので、入社を希望する若い人びとは少なくない。そして、みずから起業する後続人材も登場している。

　また、近年、ICT（情報通信技術）系を中心にしたサービス業も、多種多様に発展しており、起業の機会は大きく開かれている。ICTの発展は、他の業種をまきこんでビジネス・チャンスの多様化と拡大を支えている。この分野の起業は、きわめて広く行われており、グローバル市場での顧客獲得も激化している。そして、ICTの発展は、家事や子育てなどの生活支援・介護支援などの分野でも、多くの起業機会を創出

NOTE

し、女性や若者の活躍も目だっている。

　さらに、国内市場の縮小化というピンチのなかにも、ビジネス・チャンスがひそんでいる。近年の人口減少、超高齢社会化、所得格差の拡大などの環境変化のなかで、国内の消費市場は全体として縮小傾向にある。このようななかで、市場細分化（セグメンテーション）によるターゲットをしぼったサービスの提供を行うことで、起業の機会が広がっている。

　また、国内市場の拡大は期待できないが、目を海外の先進国・新興国・発展途上国などに向けると、広い市場はかぎりなく存在しており、そこにも、多くの起業機会はあるだろう。いわゆるグローバル市場であり、ビジネス・チャンスは大きく開かれている。

### (2) チャンスとしての多様化する社会問題と「社会起業家」の台頭

　現代の社会には、多岐にわたり複雑な問題が発生し、多くの人びとは、日々の暮らしに不満・不便・不安を感じて生活している。家事・育児・介護だけでなく、教育・環境・マチづくり・文化など、幅広い生活全般にかかわる分野において、解決が待たれる社会問題が多く発生している。

　これらの諸課題を解決するために、これまで、行政や既存の企業などが、さまざまな対応をしてきた。しかし、行政は、税収の落ち込みのなかで財政支出の余裕がなく、また、企業は採算性を重視しているので、どうしても十分に対応することができなくなっている。

　このような社会的な課題の解決をめざす第3の主体として、現在、社会起業家が登場・参入している。かれらは、ビジネス・経営の感覚や理論を用いて、直面する社会問題を解決するために起業している。そして、多くの若者たちが、社会問題を解決するという「働きがい・生きがい」や社会貢献を求めて、社会起業家として活躍している。

　この社会起業家に関連するものに、"コミュニティビジネス"とか、"事業型NPO"などがある。前者は、地域社会で発生している各種の問題をとり扱うビジネスであり、後者は、ビジネス的な感覚や経営的な考え方によって、NPO（非営利組織）を運営しようとするものである。

　この種の社会起業家が台頭していることは、現代の社会において、起業の機会が、どこにでも存在することを示唆している。その意味では、起業のチャンスは確実にあ

### (3) 衰退産業における起業機会

　一般に、「競争もはげしいが、成長過程にある産業には、起業機会は多い」といわれる。しかし、たとえ成長産業においても、参入する時期が少し遅れ、また他社に比較して競争優位性という強みがなければ、いずれは経営的にピンチにおちいるであろう。このような場合、チャンスであったはずのものが、ピンチに変ってしまうのである。

　他方、「衰退過程にある産業には、起業機会は少ない」ともいわれる。たとえば、日本人の伝統的なライフスタイル（生活様式）は、近年の欧米化のなかで急速にすたれたので、それに関係する伝統産業は衰退・消滅しつつある。それ以外の業種にも、環境変化のために、かつての勢いが見られない分野が多く存在している。

　しかし、そのような悲観的な状況にあっても、新たなアイデアやノウハウを使って起業し、成果をあげている企業も少なくない。たとえば、（株）ブック・オフは、それまでの古書店のビジネス・モデル（企業のやり方）を変えた起業の一例であり、ピンチにあった古書店の再生に貢献している。また、大都市から遠く、地価の安い地方都市に、巨大な在庫スペースをもって起業した古書店も顧客の支持を得ている。それらは、それまでの固定概念（ステレオタイプ）を徹底的に考え直し、新しい思考・発想によって、ピンチをチャンスに切りかえた起業である。

　要するに、たとえ衰退産業においても、顧客のニーズに合うようにビジネス・モデルを変革すれば、起業機会は創出される。「リニューアル」や「リノベーション」は、既存のものを手直し・修繕して、新しいものに変えることであるが、これこそが、起業の神髄である。

　ビジネス・モデルの変革は、これまでの固定観念を克服することで可能になる。かりに衰退産業であっても、ビジネス・モデルを環境に適応するように変革すれば、既存企業の生き残りだけでなく、起業機会の可能性となるといってよい。

### (4) 起業後の制約要因としての市場の大きさ

　起業機会の発見のために、環境のなかのチャンスの有無については、自分で調べる必要があるが、その把握は容易ではない。たとえば、想定外のことが起きて、チャンスになるのか、ピンチになるのか、判断できないこともある。たえず予測外のことが

発生するし、また白黒の識別もできず、灰色（グレー）のままの場合もある。

　起業する際には、資金調達や人材確保の問題を解決するとともに、市場調査や顧客の動向調査を行わなければならない。しかし、実際に、どのくらいの顧客を獲得できるのか、どのくらいの期間で採算がとれるのか、などの予測はむずかしい。

　起業をして早々に、多くの売上高を得ることは困難であり、生活のための金銭的な余裕を別途用意する必要がある。その点、一定の顧客の獲得が保証・担保された起業であれば心配はない。顧客獲得については、当初の予測と実際の結果との間にギャップがでることが多い。成果の数値が、予測を大きく下まわる場合には、起業は挫折してしまうので、市場の動向を見つつ、活動を調整しなければならない。

## 第3節　「自己」のなかにある起業機会

### (1) 自己への「信頼」の重要性

　起業機会はとりまく環境のなかにあるが、起業の主体は個人であるから、当然自己のなかにある。自己のなかにある起業機会の根底には、個人の自己に対する信頼感が不可欠である。自己への信頼とは、自分なら起業に成功するだろうという自信のことであり、誇り（プライド）、自負心を意味している。

　人間は、自分に弱点があると自信をもてないが、弱点は努力や工夫をすれば克服できることもある。そして、この努力や工夫は、自己を変える力になるだけでなく、自己への信頼につながっている。要するに、自己のなかの起業機会の根底には、この自信や自負心が不可欠なのである。

### (2) 高等教育機関で学習したもの

　21世紀の現代において、個々人が社会で活躍するには、豊富な知識や情報をもつことが不可欠であるが、この点は起業を行う際にも必須となる。したがって、大学の学部・大学院や各種研究開発機関においてしっかり学習・研究したことは、そのすべてが自信を生みだし、起業機会を創出することになる。

　とくに、自然科学における高度の科学的な知識・情報は、技術の革新・発展を支え、新しい技術や製品を生みだす源泉である。たとえば、医学とその関連分野の発達は、健康・医療・製薬の分野の飛躍的な発展をもたらし、多くの人を病気の苦しみから解放してきた。そして、工学の発達は、新たな技術の開発だけでなく、製造現場に

おける人間労働の軽減化をもたらした。また、コンピュータサイエンスの発達は、オフィスなどを中心に、企業の情報システムを大きく変革し、ビッグ・データの処理を可能にしている。

社会科学や人文科学の知識も、人間や社会の発展に関して、多くの知見を提供してきた。これらの知識は、直接的に新しい科学技術や製品を生みださなくても、人間や社会の発展に対する科学技術のもつ役割・意味を明らかにしてきた。

このように、大学などで学習・研究・蓄積した知識や技術は、個人にとっての強みであり、確実に自己のなかにある起業機会の要因となる。大学における学習・研究については、かつてはその価値が高く評価されない時代もあったが、現在では社会からの期待はきわめて大きい。大学などでの学習に是非とも専念してほしい。

### (3) 起業機会としての仕事上の経験

起業する多くのケースは、高等教育機関での学習・研究の成果のうえに、企業などの実際の仕事上の経験がくわわった後に行われる。一般的に、学生時代は大学の内部にいるので、アルバイト、ボランティアやインターンシップを除けば、社会とのつながりは少なく、実際に仕事上の経験をすることはない。

卒業後に就職し、はじめて仕事上の経験を積み、その仕事に関係する環境のなかに置かれることで、チャンスの状況を確認できるようになる。つまり、大学で獲得された知識・情報などの強みが、起業機会になるかどうかの判断を可能にする。環境のなかにあるチャンスが、自分の従事している仕事と適合し、自分のもっている強みと環境が適切に結びついているならば、起業に進むことができる。

しかし、知識・能力などの強みが不足していると自覚したならば、努力を行って自信を獲得（回復）しなければならない。大都市では、ビジネス・スクール（経営大学院）などで学習するビジネスパーソンは多いが、それは知識・能力の不足を補い、自信を得ることが目的であると考えてよい。

### (4) 資格や趣味などの活用

自己のなかにある起業機会として、「取得した専門職の資格を活かしたい」とか、「自分の趣味や特殊技能（特技）を地域の人びとに還元したい」という事例もある。このような資格・趣味・特技なども「自己」のなかにあるチャンスである。一般に、資格を起業機会にすることは男女共通であり、性差に関係はないが、趣味や特殊技能

*NOTE*

を活かす起業については、女性のほうが多くなっている。

　なお、余暇・自由時間を活用して旅行・文化活動に参加し、人的交流を深めることは、人間的成長をもたらし、新しいアイデアや発想を生みだすとともに、ヒラメキや直観力の源泉にもなり、起業を生みだす間接的な力になるであろう。

## 第4節　おわりに

　起業の機会は、起業主体の周囲の「環境」のなかにあるとともに、起業主体の「自己」のなかにある。そして、この両者の結びつき、適合関係が大切である。つまり、自分の掲げる起業に関する目標が、環境に適応しているかどうかが、起業を意思決定する際のポイントである。

　一部の人びとは、「現代の環境には、チャンスがない」と悲観的な発言をする。それは確かかもしれない。しかし、固定観念をすてて見方を変えれば、ビジネス・チャンスは、"無限"にあると考えることができる。

　ピンチに見える状況の裏にも、はてしなくチャンスが広がっている。既成概念にこだわらず、新しい発想をすれば、魅力的なチャンスの多いことが見えてくるであろう。

　もうひとつは、「自己」のなかにある起業機会である。これは、「学習・研究した知識・情報」、「仕事上の経験」、「取得した資格」、「趣味・特技」などであり、機会を創出するためには、自分を成長・発達させることが不可欠である。それは、自分に対する信頼（自信）を生みだし、起業を生みだすための大きな力になるのである。

　このように、自己のなかにある強みと環境における機会を発見し、両者を適切に結びつけることができれば、確実に起業に進むことができる。

---

《One Point Column》

**起業プランのコンテストに参加しよう！**

起業プランを作成したら、ゼミナールの仲間や友人に読んでもらい、コメントをもらおう。そして、コンテストに参加して、起業の専門家からの意見を聴こう。専門家の評価を得て、プランをブラッシュ・アップしてみよう。

(1) 本章の内容を要約してみよう。

(2) 本章を読んだ感想を書いてみよう。

(3) 説明してみよう。

　① ビジネス・チャンスとピンチとは、なんでしょうか。

　② 衰退産業における起業機会とは、なんでしょうか。

　③ 事業型 NPO とは、なんでしょうか。

(4) 考えてみよう。「教育機関の学習」と「仕事上の経験」のふたつの要素が組み合わされると、起業機会になるのはなぜか、その理由を考えてみよう。

(5) 調べてみよう。社会問題を解決するためのビジネス・モデルを構築して、起業している事例を調べてみよう。

**経営学のススメ⑤**

## 起業の成功はどのようにしたら可能になるのか

　どのようにしたら、業績とか、成果をあげて、起業に成功できるのであろうか。それがわかれば、失敗する人もいなくなり、ハッピーになるはずである。だが、業績を確実に得て、起業に成功できることを説明する研究は少ない。

　どのような人間が起業人材になっているのか、という研究は多い。そして、実際に起業した人間についての事例研究も少なくない。たとえば、起業家はどのような資質や特徴をもっているのか、については、だれもが危険（リスク）を恐れない人間であると思っているように、そのような人間が起業家になるのだと考えている。

　そして、このような起業家に共通して見られる資質をあげることで、起業人材を説明する研究が行われてきた。それは、人的資源管理論におけるリーダーシップ研究の資質論的なアプローチに類似している（第6章を参照）。

　リーダーとはこんな人間であるとして、その特徴をあげるのが資質論的なアプローチである。これとほぼ同じようなかたちで、起業の実現と起業家を研究する。

　もうひとつの研究は、どのようなことがキッカケ（原因）で起業できたのかを明らかにすることで、起業人材がどのような人間であるかを示してきた。起業家は、それぞれちがった人生（ライフ）を送っている。そして、この人生のなかでの"あること"が原因となって起業しているという（第6章を参照）。

　要するに、起業人材の特徴と起業のキッカケについては、かなりの解明が進んできたが、どうすれば起業がうまくいくか、という起業の成功に関しては、あまり説明されてこなかった。しかし、どのようにしたら、本当に業績をあげて成功できるのであろうか。

　サンドバーグ（W. R. Sandberg）の『ニュー・ベンチャー・パフォーマンス』（*New Venture Performance*, 1986）は、その点では参考となる考え方を示している。「ニュー・ベンチャー」というのは、わが国のベンチャービジネスにあたる言葉であり、書名はまさに『ベンチャービジネスの業績』ということになる。

　彼はベンチャービジネスが業績をあげて経営をつづけていくためには、どうすればよいのかについて、以下の主に3つのポイントとそれらの間の相互作用の重要性を指摘している。

　① 起業家としての資質や特徴をもっていること
　② 起業家が採用する経営戦略
　③ 起業家が活動しようとする産業分野

これによると、起業家に共通している資質をもっていることが重視されている（①）。すべての起業家がもっているわけではないが、多くの起業家たちがもっている資質に恵まれているほうがよいことになる。

　これについては、第１章の本文で書いているが、達成欲求が強い、コントロールの内的位置が高い、さらに前述したリスクを恐れない、などの人間であるほうが成功をあげることになる。

　つぎに、起業家がどのような経営戦略をとるか、ということである（②）。起業家としての資質をもっているとしても、選択する経営戦略のよしあしによって、「ニュー・ベンチャー」としての業績があげられるかどうかが決まってくる。どのような経営戦略をつくって活動するかは、起業家の問題であるが、この起業家の判断が業績の獲得とそれを通じた起業の成功にとって重要になるのである。

　もうひとつは、どのような産業で起業をスタートさせようとしているか、という問題である（③）。

　そのためには、産業構造という環境変化をしっかり認識して、どのような産業が成長しているのか、どのような産業が衰退しているのかを理解し、それを通じて活動する産業分野を決めることが大切になる。そして、そのことが「ニュー・ベンチャー」の業績の確保につながる。確かに、現在の起業では研究開発系やIT系のベンチャーなどの産業とか、サービス系の産業での成功が多く目立っている。

　以上の３つの要素が相互に結びつくことで、業績を確保し、起業に成功をもたらすという。もっとも、この主張は、起業の成功に関するひとつの説明にすぎない。それはまた、完全なものでもない。だれもが起業ができるようにするためには、どうしたら失敗せずに成功できるかを経営学は今後も考えていかなければならないと思っている。

（設問１）　あなたが知っている起業家を具体的にとりあげて、３つの要因がどのようになっているかを分析してみてください。

（設問２）　現在の時点で業績をあげている起業や起業家の成功にとって、どのような要因が大切であると思いますか。上述の３つ以外の要因があると思いますか。

（齊藤　毅憲）

# 第6章
# 起業を実現するための要因

　「だれでも起業家になれる」というのが、経営学の基本的なスタンスであるが、起業家の分析については、資質論、状況論、類型論の3つのアプローチがある。
　まず、「資質論」では、起業家には、共通する特有の資質やパーソナリティがあるという。また、「状況論」的なアプローチは、起業家を生みだす状況や社会的要因に着目して議論を行う。
　それに対して、第3の「類型論」は、起業家のとるべき行動パターンやマネジメントスタイル（経営の仕方）を組み合わせて、モデル化するものである。これは基本的にだれでも起業ができ、起業家になれると主張する経営学的なアプローチである。
　起業活動は、限られた経営資源を活かして、ビジネス・チャンスを創造・実現することである。そのために求められる重要な能力は、アイデアを結びつけ、必要な資源をネットワークする、「関連づける能力」である。
　本章を学習すると、以下のことが理解できるようになる。
　① 起業の実現と起業家の分析については、資質論、状況論、類型論の3つのアプローチがあるが、だれでも起業家になれるという観点からいうと、「類型論」という経営学的なアプローチが重要であること。
　② 類型論的な経営学的なアプローチでは、起業の実現には、「革新（イノベーション）の機能」と「経営の機能」の、ふたつの機能が必要であること。
　③ 起業の実現には、経営資源をネットワーク化する、「関連づける」能力が重要であり、起業家には、この能力が求められること。

## 第1節　資質論と状況論

### (1) 資質論的なアプローチ
　資質論は、起業家にはふさわしい資質があるとし、起業家に共通の特質・パーソナリティ・価値観などを調査・分析するもので、「心理学的なアプローチ」ともいわれ

ている。

　これについては、第1章第2節で述べた、達成欲求の強さ、コントロールの内的位置、リスクテイキングの度合い、の3つを基準にして説明する。

　しかしながら、この資質論をつきつめると、このような資質をもつ限られた人間しか起業を行うことができず、起業家になれない、ということになる。たとえば、図表6-1は、①達成欲求の度合いをタテ軸に、②コントロールの位置をヨコ軸に、③リスクテイキングの度合いをナナメの軸にして、起業家の資質を3次元の図で表している。もしも、人びとの気質が、この3つの基準に沿ってかたよりなく均等に分布するならば、起業家になれる人間は、8分の1しかいないと推定されることになる。

　また、起業家として成功する際の共通の行動特性として、「強い責任感」、「強固な忍耐力」、「勤勉さ」、「楽観性」（コップに水が半分しかないと思うよりも、まだ半分あると考える傾向）、「探究心」（現状に満足せず、失敗を糧（かて）とする傾向）、「効率志向」（完璧であることよりも、効率を優先する傾向）などをあげている論者もいる。

　さらに、売上高と起業家倫理の関係を調べ、成功する起業家には、高い倫理基準と誠実性が必要であると主張する論者もいる。そのほかにも、資質論的なアプローチでは、創造力、献身的性格、意志の強さ、柔軟性、指導力、情熱、自信などの、さまざまな気質や個性があげられている。

**図表6-1　資質論から見た起業家の位置づけ**

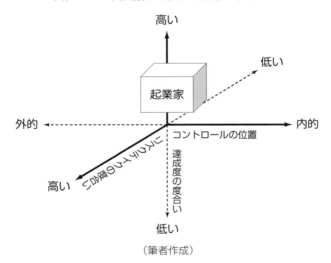

（筆者作成）

このようにして、起業家に求められる資質をつぎつぎに加えていくと、才能・天賦の資質に恵まれた、ごくわずかの人間しか起業を行うことができず、起業家にはなれないことになる。そうであれば、経営学などを学ぶ意義はないし、そもそも経営学で、「起業論」を取りあげる理由もない。

そして、資質論で必要な要件としてあげられた資質などは、必ずしも経験的に検証されているわけでもない。そこに、心理学的なアプローチといわれる、資質論の限界がある。

### (2) 状況論的なアプローチ

状況論は、「社会学的なアプローチ」ともよばれるが、起業を実現させ、起業家を生みだす要因を、本人をとりまく状況にあると見る立場である。それは、起業家の個人的な歴史・背景・出自（しゅつじ）に注目しながら、起業家を生みだす社会的条件や、起業する決意に影響をおよぼした要因について分析する。代表的な先行研究によると、4つの「推進要因」と、ふたつの「状況要因」があるとされてきた。

「推進要因」は、第3章でも述べたが、独立して起業しようと考えた、直接的なキッカケとなる要因のことで、不本意な失職など、人生の転機やライフステージの変化、キャリアの蓄積など、みずからを起業に近づけるような要因、とメンターなどの積極的な誘い、である。

これに対して、「状況要因」とは、起業をうながす間接的な要因のことで、起業を行うことを望ましいと考える、社会的な文化（カルチャー）があること、物的・資金的に援助するメンターがいたり、起業家を育てる施設や制度があったりして、起業の実現可能性を高める環境が整備されていること、である。

状況論的なアプローチは、起業家になった要因を、決意のキッカケ・いきさつから分析するものなので、どうしても「過去」の整理になりがちである。そのため、状況別のケースが増えると、資質論と同じように、共通する項目をただ並列的に羅列して終わってしまうという恐れもある。

## 第2節　類型論的なアプローチ

類型論では、起業を実現し、起業家になれるのは、天賦の資質に恵まれた人だけではなく、だれでも、どんな状況でもなれるという前提がある。しかし、なんの知識も

ない人が起業できるわけではなく、起業家がとるべき行動パターン（行動の型）やマネジメントスタイル（経営の仕方）について、モデルを通じて学ぼうという立場である。

このアプローチは、リーダーシップ論でも見られるので、「経営学的なアプローチ」とよぶことにする。類型論の例として、ここでは、シンプルなイノベーション／経営モデルを紹介したい。

### (1) イノベーション／経営モデル

ティモンズ（J. A. Timmons）は、「創造性とイノベーション」と「経営能力、ビジネスノウハウ、ネットワーク」の機能という、ふたつの軸を使ったマトリックスでモデルを提示している（図表6-2）。それによると、起業家は、「革新機能（タテ軸）をもっている経営者（ヨコ軸）」と位置づけている。つまり、起業家とはイノベーターであり、同時に経営者であるという。

もともと、起業家には、「音頭を取る者」という経営者的な意味があって、わが国では、「音頭取り」を縮めた「頭取」と訳されたこともある。また、起業家の英語であるアントレプレナーという用語については、シュンペーター（J. A. Schumpeter）が、イノベーション（革新機能）をつけ加えたことで有名になった。

このモデルでは、起業家の定義を、「起業家精神をもつ者」というように、抽象的・精神論的には説明せず、経営能力をもつだけでなく、具体的に「革新を実践できる経営者」として位置づけている。しかし、このような人間は本当にいるのであろうか。

**図表6-2　ティモンズの類型化モデル**

| | 経営能力、ビジネスノウハウ、ネットワーク低い | 経営能力、ビジネスノウハウ、ネットワーク高い |
|---|---|---|
| 創造性とイノベーション 高い | イノベーター | 起業家 |
| 創造性とイノベーション 低い | プロモーター | マネジャー 管理者 |

（出所）ティモンズ（1997）『ベンチャー創造の理論と戦略』ダイヤモンド社、42ページ。

NOTE

## (2) 資質を補う起業チーム

　このようにモデル化し、単純化したことで見えてくるものがある。ここでは、起業家がとるべき戦略として、チームと個人の場合で考えてみたい。起業家の多くが、第1章でも述べた、3要件を備えているとしても、すべての人が、起業人材の3要件をもっているとは限らない。

　それでは、どうしたらよいのか。そのひとつの有効な答えは、自分の資質にない要素を、無理に獲得しようとせずに、ほかの人間に補ってもらうという方法である。

　ウォルト・ディズニーは、1920年代にアニメーション制作会社を創業した。その際、8歳上の兄であるロイ・ディズニーがパートナーになり、文字どおり兄弟の会社（ディズニー・ブラザーズ社）を設立した。

　ウォルトは、世界初のトーキーアニメを制作し、アニメに立体感を出すマルチプレーンカメラを採用するなど、イノベーターとしての才能にあふれていたが、彼は経営的には素人であり、会社はしばしば財務的な危機に直面している。その際、財務面から経営を救ったのが、元銀行マンであるロイであった。

　別の事例でみてみよう。ホンダの創業者である本田宗一郎は、クルマやバイクに熱中して、新しい製品をつぎつぎと開発するイノベーター・タイプの人間であったが、経営のことについては、無頓着であった。彼は、生産現場で新技術や新製品の開発に取り組んだが、本社にはほとんど出社せず、社長の実印を使ったこともなかった、といわれている。

　そのような宗一郎のパートナーが、藤沢武夫であった。藤沢は、彼自身が「本田技研の経営を担ったのは私」といい切っているように、営業と財務を一手に引き受け、まさに、本田技研の「経営者」としての手腕を発揮したのである。

　このふたつの事例は、イノベーター的な起業家がいた場合、当人は無理に経営能力を獲得しようとせずに、それは経営者的なパートナーに任せ、それぞれが自己の資質を活かすことの重要性を示している。

## (3) パートナーのいないケース

　では、パートナーに恵まれない起業家の場合は、どうすればよいのであろうか。また、とくにイノベーターとしての才能もなく、経営者としての力もない人間の場合には、どうしたらよいのか。さらにいえば、解雇などで仕事がなくなって、仕方なく起業せざるをえない人もいる。

第8章で述べる、インディペンデント・コントラクター（IC）については、個人事業主であるから、パートナーを組む相手がいない。また、第4章で述べた、フランチャイジー、各種の事業代理店などは、独立した店主という意味では起業家ではあるが、決められた仕組みや制度のもとで働くという意味で、図表6-2のモデルの左下に位置する、「プロモーター」として位置づけられる。

　このような「プロモーター」としての事業者を起業家にするには、経営能力やネットワークを広げるという右方向へのシフト（移動）、あるいは創造性やイノベーションという上方向へのシフトが求められる。

　たとえば、どのチームに移籍しても、うまくやっていけるサッカー選手は、各クラブの方針や仕組みを理解している。プロモーター的な独立事業者も、成功するには、契約する企業ごとに、全体の方針や仕事の流れを理解し、仕事上で接触する部署とうまくやっていく能力が求められるが、これは、図表6-2のモデルの右方向へのシフトである。

　また、独立の事業者は、複数の取引先と契約を結ぶが、そうした複数の企業からノウハウを学ぶなかで、新しいサービスの開発という可能性が生まれ、この新しい仕事を別の企業に売り込むことも可能になる。これは、モデルでいう上方向へのシフトである。

　専門的な知識や技術だけでプロモーター的な独立事業者になることはできるが、このような独立は、個人の技能によるものであって、一代限りで終わる個人事業者になりやすい。また、この事業者のクライアント（顧客となる企業）には、正規従業員としての雇用契約を行う代わりに、委託契約に変えて、人件費を削減しようとする動機が働くから、独立しても、収入面ではきびしくなってしまうという恐れがある。

### (4) 状況論と類型論的なアプローチとの関係

　状況論的なアプローチとの関係で見ると、類型論のモデル化の試みは、状況に応じて進むべき方向性を示唆している。人はライフステージの節目に起業することがあるし、キャリアパスの延長で、それが起業家自身による「積極的な押し」になったり、メンターと出会い、「誘い（引き）」があって独立する場合もある。

　ただし、状況論は、そうしたキッカケやキャリア形成を整理することはできても、どうしたら起業できるかという答えを示すことができるとは限らない。また、状況が個別になればなるほど、それらに対する解答を提示しにくくなる。状況論の限界は、

NOTE

まさに、ここにある。

これに対して、経営学的な類型論的アプローチは、モデル化の手法であるから、個別にモデルを提示して、どうしたら起業できるかという答え、つまり方向性を示すことができるといってよい。

### (5) ツーリズム・エッセンシャルズの事例

キャリアを積んで「積極的な押し」を得た人が、不本意に退職したが、新しい出会いという「誘い（引き）」を得て、起業したケースとして、三橋滋子の事例で考えてみよう。

彼女は、1961年に日本女子大学の英文科を卒業して、日本航空に入社した。学生時代から英語が好きで、国際線のフライトアテンダントになったが、当時、この仕事は独身の女性に限られており、結婚したら退職することが当然と思われていた。

彼女は、1964年に退職したが、子育てが一段落したときに、フライトアテンダントの予備校の研修旅行に、コーディネーターとして同行する依頼があった。英語力と国際線の添乗経験という、みずからの「能力上の押し」をベースに、起業のキッカケになる「機会の引き」（チャンス）が重なったのである。これは、まさに第3章で述べた「チャンスの二重性」である。

彼女は、その後、添乗員（ツアー・コンダクター）としてのキャリア経験も積み、「プロモーター」の位置になった。このような場合、彼女の進むべき方向は、いうまでもないが、創造性・イノベーション（モデルのタテ方向）と、経営・ネットワーク化（ヨコ方向）であった。

現在では、海外旅行を多く経験した人を添乗員に育成できるが、当時は、海外旅行は初めてという人ばかりで、添乗員になれる人材が極端に少なかった。「兼高かおる世界の旅」という人気テレビ番組では、国際線の飛行機が映し出されて、国際線のフライトアテンダントとツアー・コンダクターのイメージが一致していた。

三橋は、東京オリンピック後の海外ブームを背景に、海外旅行に添乗できる人材が不足している状況を見て、子育てが一段落した元フライトアテンダント仲間をつのって、日本で初めての、添乗員の派遣ビジネス会社、ツーリズム・エッセンシャルズを立ちあげた。要するに、仲間を組織化（モデルでいうヨコ方向へのシフト）しながら、旅行業界のアウトソーシングというイノベーション（タテ方向のシフト）を起こしたのである。

*NOTE*

その後、同様のサービスを行う会社は増えたが、彼女は「変革と挑戦」をキーワードに、成田空港が開港したときには、そこに常駐者を置いて、送迎サービス、チェックインの代行、ファーストクラスラウンジの接客、航空会社各社へのグランドホステスの派遣など、つぎつぎに新しい戦略展開を行った。彼女は、英語能力とフライトアテンダントの経験という「専門的能力」を、イノベーティブにネットワーク化し、現在では、全国の主要空港に事務所をかまえる会社に育てている。

### (6) 関係づける能力の重要性

では、経営（右方向シフト）とイノベーション（上方向シフト）のふたつの機能に共通している能力とは、どのようなものであろうか。その能力がわかれば、起業家になる要因がさらに明らかになるであろう。

そもそもシュンペーターは、イノベーションを、組み合わせて関係づけることを意味する「新結合」と定義したが、この組み合わせて関係づける能力が、起業家に必要な経営機能にもイノベーション機能にも求められる。

起業は、さまざまな要素を関連づけて、統合的な成果に結びつける活動であり、これは、イノベーションについても同じである。アイデア・知識・スキルだけでは、起業は成功しない。起業するために、事業を取りまくすべてを関連づけて、価値の創造に結びつけなければならないが、イノベーションもアイデアや技術を複合的に関連づけたときに生じる。

本章では、起業を実現する要因を、起業家になるための要因として単純化して考えてきたが、そもそも、「要因」（factor）とは、ある事象を説明するために、「要素」（element）に分けて、それぞれの要素を関係づけるものである。つまり、要因の構成要素である要素そのものも、関係性を抜きには存在しない。

資質とは、才能のことである。ケン・ロビンソン（K. Robinson）は、学習障害のレッテルを貼られた8歳の少女ギリアンを例にあげて説明する。ギリアンは、学校の宿題をやらず、試験の成績も悪く、気が散ってばかりの問題児であったが、スクールカウンセラーは、母親の話を聞きながら、ギリアンの様子を注意深く観察した。

すると、ギリアンは、ラジオの音楽に合わせて相変わらず落ち着きなく動きまわるが、その動きはダンサーとしての天性のものであることがわかった。カウンセラーは、「ギリアンには障害はありません。彼女はダンサーなのです。ダンススクールにかよわせてください」と母親に伝えた。その後、彼女はバレエスクールで頭角を現

し、「キャッツ」や「オペラ座の怪人」などのミュージカルを創りあげている。
　ロビンソンは、このほかに、ポールという少年の話をだしている。彼は、高校ではいつもぶらぶら過ごし、家に帰っても、勉強せずにギターばかり弾いていたが、その少年がのちに、「ザ・ビートルズ」を結成する。
　ロビンソンは、「才能」（自分の得意なこと）と「情熱」（自分のやりたいこと）が合致する点を、「エレメント」（要素）とよび、情熱や状況が関係づけられて、才能が引き出される、と主張している。そのことを本田宗一郎は、彼の著書のタイトルで、『得手に帆をあげて』と表現している。得手という要素を、才能として開花させるためには、「帆をあげる」という意志（情熱）が必要である。

## 第3節　まとめ

　本章では、だれもが起業を行い、起業家になるための3つの要因を考えてみた。これについては、まず、起業家に共通した要因をあげることで、起業を実現できることを明らかにした資質論的・心理学的なアプローチを取りあげた。しかし、このアプローチでは、達成欲求が強く、コントロールの内的位置が高い、リスクテイカーなどでなければ、起業はできないことになる。つぎの状況論的・社会学的なアプローチは、起業家の「過去」を整理するだけで、起業の実現をうまく説明できない。
　もうひとつの経営学的なアプローチという類型論では、起業家は、経営と革新というふたつの機能を果たす人間とされ、このふたつの機能がなくても、起業できるための方策を明らかにしている。そして、経営機能と革新機能に共通する因子は、「関連づける能力」であるとし、そうした能力を発揮することが、起業を実現させるとした。

《One Point Column》

**大学発ベンチャーの推進を！**

大学のなかで教員や学生の起業活動をもっと支援・推進すべきである。大学は起業のシーズ（種）を発見し、育てることができるプラットフォームであり、大学の雰囲気を少し変えてみたらどうでしょうか。

(1) 本章の内容を要約してみよう。

(2) 本章を読んだ感想を書いてみよう。

(3) 説明してみよう。

① 資質論的なアプローチとは、なんでしょうか。

② 状況論的なアプローチとは、なんでしょうか。

③ 関係づける能力とは、なんでしょうか。

(4) 考えてみよう。本文中の三橋滋子の事例で、起業が実現した要因とはどのようなものか、考えてみよう。

(5) 調べてみよう。本文中のウォルト・ディズニーや本田宗一郎が、起業に成功した要因を説明し、これと同じような起業の事例について、調べてみよう。

経営学のススメ⑥

## 失敗を許せる経済社会へ

　わが国は、これまで起業や事業の失敗を許さない社会であった。アメリカは、その点では少しちがっており、再チャレンジ（挑戦）を認めるといわれてきた。日本の場合、起業に必要な資金は、自己資金のほか、両親兄弟など親族や銀行などの金融機関から借入れることが多く、起業がうまくいかずに倒産すると、これらの人びとや金融機関に迷惑をかけることになる。

　そして、これを負担に感じてしまい、起業に踏みきれない人が多かったように思われる。また、失敗した人が再び起業家や経営者になることは、アメリカに比較すると、あまり多くなかった。

　これに対して、アメリカでは、失敗しても、それを生かして、いいビジネスをもう一度つくればいいという考えが強い。そして、ベンチャー企業が多く輩出されているのは、ベンチャーキャピタル（VC、ベンチャー企業への投資会社）が発達しており、この投資によるところが大きい。

　失敗は当然のことながら経営者によるが、投資したVCも経営者の力を見ぬくことができなかった意味では、責任の一端はVCにもあるというわけである。たとえば、シリコンバレーなどのベンチャー企業は、このようなVCからの投資によって支えられていることがよく知られている。

　倒産したことで、起業家が「死」を覚悟することも当然のことながらある。しかし、自分をとりもどして、債権者に心から謝りに行くと、「絶対許さない」という債権者も当然いるが、許してくれる人も半分ぐらいいるという。失敗に甘えることは決してできないが、懸命にビジネスを行ったにもかかわらず、失敗した起業家を許してくれる人びともいる。

　さて、起業家のなかでは失敗したあとに、再起した人びとがいる。㈱ファンケル、シダックス、ブックオフなどの創業者は、挫折の後、復活したことで知られている。シダックスの創業者である志太勤は、3回の失敗を経験しているという（横浜市編『再チャレンジハンドブック―意欲ある経営者の再挑戦を応援する都市横浜を目指して―』）。

　第1回目は24時間営業の繁盛店であった大衆食堂がバイパスの開通によって道路事情が一変し、客足がなくなって廃業している。そして、アイスキャンディを製造していた2回目は、量産化をはかった工場が火災にあい、全焼している。さらに、給食サービス業をねらった第3回目は、商品の販売先になる予定であった団体に実際に購入してもらえないことで挫折している（15ページ）。

このような３度の失敗を行ったにもかかわらず、経営への強い思いと深い読み、さらに周囲の支援があって、志太はフードビジネスを大きく発展させてきた。そして、彼は起業家の発掘や育成を目的とした志太ファンド、志太起業研究所、志太起業塾などを主宰している。要するに、彼は後から来る人びとが失敗しないような活動を展開している。

　なお、彼には『60歳起業論―いま中高年が主役の時代―』（東洋経済新報社、1998年）などの著作がある。

　横浜市のつくった上述の小冊子によると、再挑戦をして経営をうまく行った人間に共通して見られる要素として、以下の３つをあげている（8ページ）。

① 無理な借金をしない――他人に迷惑をかけたくないという強い意志をもっており、借金を行なわないような経営を展開している。

② 再挑戦の支援者がいる――倒産時の借金の整理や事業の立ちあげには、支援者が不可欠である。この支援者は倒産前の事業にかかわっている人のなかから得ている。また、失敗をしっかり認め、それから逃げない態度が好感を与えて、再挑戦の支援者がでてくる。

③ アイデアや工夫――再挑戦でうまくいっている人間のお金の使い方や事業の立て方には、通常では気づかないようなアイデアや工夫が見られる。

　なお、業績が悪化し、債務超過になりそうであれば、いつでも廃業するという覚悟をもって起業することが大切である。倒産で死を考える人も多いというが、あまりひどくならないうちに事業を整理して、再出発することが望ましい。要するに、わが国を失敗を認め、「失敗は成功のもと」である社会に変えていかなければならない。

（設問１）　起業の失敗と再生について、あなたはどのような考えをもっていますか。
（設問２）　失敗にも影響が小さいささやかなものと倒産を招くようなものがあると思います。失敗とはなにか、起業時を中心に、具体的に考えてみてください。

（齊藤　毅憲）

# 第7章
# 起業プランの作成

　21世紀の現代においては、キャリアの選択肢として、起業があることを前提にして、これまでの章では、いくつかの問題を明らかにしてきた。これらをふまえて、本章では、起業プランをつくることの重要性を考えたい。

　起業を具体化し、成功させるためには、起業プランを作成する必要がある。起業を具体化する場合には、このプランをつくり、それを実施していくことになる。要するに、起業プランがなければ、起業に進むことはできない。したがって、どのような事業（ビジネス）を始めたいのかについて、考えをもたなければならない。

　起業プラン（事業プラン、起業計画書などともいう）の作り方については、すでに実用的なハウツー本やマニュアル的な解説書などが多数刊行されているが、本章の意図は、表面的・形式的な説明や解説ではなく、その作成を通じて、利益をあげるという事業の本質・意味を考えるものである。

　本章を学習すると、以下のことが理解できるようになる。
① 起業プランは、起業を実現するための道標・地図・羅針盤であり、事業の側面からみた、「起業を実現する要因」であること。
② 起業プランを作成する際には、経営戦略の基本を明示し、そのなかでとくに、「ビジネスモデル」と「マーケティング戦略」が重要であること。

## 第1節　起業プランの意味

### (1) 起業プランの読み手と目的

　起業プランは、「起業活動を取りまく現状や諸条件を要約し、将来の活動についての基本的なアウトラインを体系的にまとめたもの」であり、起業の成功をめざすための事業の計画書・設計図である。このなかの「現状の要約」とは、企業の内部と外部を適合する概念であり、それは、自社と環境のことを知ることである。そして、「将来のアウトラインの体系化」とは、目的と手段を適合する概念で、将来の目的の達成

に合致した手段を選んで、組み合わせるプロセスである。

　起業プランの作成目的は、読み手の立場により、以下のように異なる。

① 創業前の起業家自身が読み手の場合──作成目的は、起業の実現である。そこでは、アイデアや構想を起業機会に結びつけ、起業の方向性・行動指標などを明確にするためである。

② 金融機関や人材紹介会社が読み手の場合──作成目的は、経営資源の調達である。金融機関から融資を受けたり、人材紹介会社を通じて、創業メンバーを募集するためである。

③ 重要な起業支援者が読み手の場合──作成目的は、協力・支援の獲得である。パートナーとなる共同経営者、創業メンバー、主要取引先などの支援者に、事業内容などを理解・共有してもらい、協力・支援を受けるためである。

④ 創業後の起業家や経営陣が読み手の場合──作成目的は、経営状態のチェックである。計画と成果との差をふまえ、計画修正の必要性を判断し、事業の進み具合に応じて、経営状態をチェックするためである。

　このように、起業プランは、読み手の立場により作成目的・記述内容が異なるが、立案の基本は変らない。また、それぞれの読み手が求める情報は多様であるが、共通して大切なのは、起業家自身の人間性や起業機会に対する評価である。

　したがって、プラン作成の際には、ハウツー本や「マニュアル」に左右されず、起業家自身が、起業機会や自分のもつ経営資源を適切に評価・判断し、起業の戦略・戦術やリスクなどを十分に検討しなければならない。その意味では、①の、起業家自身のために作成するプランが、もっとも重要である。

### (2) 主な内容項目

　起業プランに盛り込む一般的な主な内容は、以下のような10項目である。

① 要約・目次──要約は簡潔（1〜2ページ）にまとめ、目次はわかりやすくする。投資家や許認可窓口では、要約・目次だけで判断されることがある。

② 会社の概要──会社名・屋号、住所・連絡先、役員氏名、創業年月日、工場・支店の所在地、従業員数、資本金、取引銀行、主要取引先などを記述する。

③ 事業の概要──事業を、どのような市場で展開するのか、他の事業や競合他社との差異などを記述する。「ビジネスモデル」、「マーケティング戦略」は、とくに重要なので、別項目にする（第3、4節で解説）。

④ 経営理念——起業が目指す目標、すなわち経営理念・ミッションステートメント・事業コンセプトなどを説明する。

⑤ 市場・顧客の分析——マクロ的な観点から、参入市場における需要・規制・技術動向などを予測する。そして、ミクロ的観点では、業界・競合他社・顧客の動向の分析を行い、ねらいを定める業界、市場セグメントや競合について記述する。要するに、「だれに」、「なにを」売るかを明確にする。

⑥ 製品関連の情報——どのような製品を扱うのかを簡潔に解説する。製品の価格やスペック（仕様）、類似製品や競合製品との差異、市場における位置づけを明確にする。製造業の場合は、製造設備・製造方法・原材料について説明し、技術力・パテントによる差別化の可能性、追加できる製品ラインナップを述べる。なお、研究開発の現状については、別項目にすることもある。

⑦ 財務状況——資本金・資産・借入金などを評価・整理する。そのうえで、財務諸表（損益計算書、貸借対照表、キャッシュフロー計算書）を作成する。

⑧ 収支（あるいはキャッシュフロー）のシミュレーション——将来の財務的予想を行い、需要予測と販売計画を立てる。そのうえで、開発コスト・設備投資・運転資金を考え合わせて損益分岐点を計算し、事業の収益やキャッシュフローを予想する。その際、楽観的ケースや悲観的ケースなど、前提条件を変化させて行う。

⑨ 組織体制——組織体制を組織図にまとめる。その際、事業の発展による組織上の変化も前もって考える。起業時には、開発・企画の部門が中心だが、それ以降になると、営業体制・販売網の構築が必要となり、さらに、企業の成長に応じて、管理部門の強化が求められる。

⑩ リスク管理——甘い見積もりや無理な計画はないか、市場の大きな変動要因はないか、法規制の改正などはないかなど、リスクや問題点を点検する。

## 第2節　経営戦略の枠組みと起業プラン

### (1) 経営戦略の基本的な枠組み

プランを立てる際には、経営戦略の基本的な枠組みや、事業の本質の理解が不可欠である。経営戦略では、市場の動向を見きわめて競合他社を知り、自社の強み・弱みを分析して目標を定め、必要な経営資源や手段を活用する。

そこには、ふたつの適合のための概念がある。第1は、外部環境の変化に対し内部

資源をいかに選択するかという、企業の外部と内部の適合である。第2は、目標に対する手段をどう選択するか、である。

第1の適合概念は、企業が持続的に競争優位を確立し、永続的に存続することに関係する。企業は、経営資源を調達し、製品・サービスを創造して顧客に提供し、対価として成果（利益や信用など）を得て成長・存続する。このプロセスは、外部の事業機会の認識、内部の経営資源の活用により、事業を実現させることである。

それに対して、第2の目標と手段の適合概念では、事業とは、ある目標に向けて適切な手段を選び、組み合わせる活動であり、その過程で計画が見直され修正される。

つまり、経営戦略とは、① 経営資源を製品・サービスに変えて顧客に提供し、事業機会に結びつける、② 目標の達成に向けて、適切な手段・方法を選択して組み合せる、ことである。

### (2) 事業と起業のちがい

通常の事業の経営計画と起業プランの構図のちがいを理解しなければならない。図表 7-1 にみるように、起業の場合、事業機会と経営資源の関係（図のヨコ軸）は、アンバランスになる。起業はゼロから価値を創造することなので、経営資源は、通常の事業に比べて不足している。しかし、起業そのものは事業機会を創出するプロセスであるから、内部資源の有無にかかわらず、事業機会は必ず存在している。外部における事業機会が多くても、実現するための経営資源は限られている。

また、目標と手段の組合わせ（図のタテ軸）も、アンバランスである。起業する以上、夢やビジョンなどの目標をもつことがどうしても重視されるが、起業したばかりの組織なので、機能的にいまだ未分化であり、手段もきわめて限定されている。

**図表 7-1　起業のアンバランスと起業プランの重要性**

（筆者作成）

NOTE

このアンバランスを図式化した図表 7-1 では、起業機会と目標を太枠で強調し、起業中や、起業直後の企業が直面するアンバランスな状態を示している。また、起業プランを中央に置いて、このアンバランスを乗り切ることを重視している。

また、起業プランでは、事業の将来性と実現性を、同時に説明することが大切である。有望で潜在的な需要を見つけ、大企業や競合他社にない独自の市場を創造できるという、将来の可能性を強調すると同時に、具体的に、どのような製品・サービスになり、どのような顧客の、どのようなニーズに応えられるか、という具体的なプランの提示が大切である。そして、これに役立つのが、ビジネスモデルとマーケティング戦略である。

## 第3節　ビジネスモデルの意味

### (1) 製品を届ける仕組み

ビジネスモデルとは、事業機会を実現するための仕組みとか、デザインのことである。「モデル」と類似の言葉に「システム」がある。事業システムが、完成した「結果として形成された事業の仕組み」であるのに対して、ビジネスモデルのほうは、これからつくりあげるもので、「事業の仕組みをデザインするための思考方法」である。

ビジネスモデルのデザインを、製品を消費者に届けるサプライチェーンを例にして考えてみよう。

① 製品化プロセス——アイデア、技術やノウハウを、製品・サービス化するプロセス。単なる思いつきやアイデアではなく、具体的な製品として実現する過程で、サービスの場合、顧客にわかるように、有形化する必要がある。

② 製造化プロセス——製品・サービスを、競争力のあるコストで、継続的に生産するプロセス。製造技術や製造プロセスに裏づけられた品質をもつ製品にする。

③ 事業化プロセス——製品に商品としての価格をつけ、販売網を構築し、広告やプロモーションを展開するプロセス。製造したままでは、在庫になるだけである。製品は、顧客のもとに届けなければならず、顧客がその製品を受けいれ、購買しなければならない。このプロセスは、主にマーケティングと関係する。

④ 顧客維持プロセス——顧客の信頼を獲得し、継続的に維持するプロセス。製品・サービスは、継続して購買してもらわなければならない。具体的には、ブランドの構築や、アフターサービスの体制づくりである。

### (2) 顧客価値を生みだす仕組み

　しかし、ビジネスモデルは、このように、サプライチェーンに沿った、表面上のプロセスにすぎない。それに魂を入れるのが、「利益」である。企業はつくって売るだけではなく、利益を生みだすことが肝要で、それが、投資家や取引先からの支援を引きだす源泉である。ビジネスモデルは、「利益を生むための仕組み」であるから、つくって売るというサプライチェーンを、利益を得る価値創造過程（バリューチェーン）に変えなければならない。

　ここでいう価値創造は、顧客が喜んで支払う意欲（WTP：willingness to pay）から、実際の価格（P：Price）を差し引いた顧客価値である。一方、売り手側の利益は、価格（P）からコスト（C：Cost）を引いたものであるが、この場合の取引には、それ以上の価値がある。

　たとえば、1万円の洋服があったとしよう。その洋服をほしいと思う消費者は、1万円払ってもかまわないと思ったはずである。逆に、洋服に1万円の値づけをした店主は、洋服を1万円以下で仕入れているから、それを売って手にする1万円札に魅力を感じている。

　もし「等価交換」のように、同じ価値の交換であったとしたら、どちらかが得しようとすると、別の人が損をすることになってしまうはずである。洋服の例でいえば、1万円の洋服を1万円のコストで仕入れてしまった場合は、売り手が損をするか買い手が損をするかしかない。しかし、ビジネスモデルにおける「利益を生むための仕組み」は、そうしたゼロサムゲームの取引ではなく、両者が得をするような取引を前提にしている。つまり、売り手にとっても、買い手にとっても「良い取引」であり、双方にとって「利益をもたらす取引」なのである。

　その際、買い手の側から見た部分（WTP－P）が、「お値打ち」、「お買い得」、「格安」などと感じる顧客側の価値である。これは、購買時点では割安感であるが、その後の消費の過程では、「顧客満足」となる。買い手は、満足するから、再び購買するのであり、そうした目に見えないトータルの便益が、顧客価値になる。この顧客価値に、売り手の利益（P－C）を加えたものが、取引によりもたらされた価値である。

　しかし、事業による価値は顧客価値だけではない。金融機関や取引業者にも利益をもたらす必要がある。ビジネスモデルは、材料を仕入れたり、製品を売ったり、お金を借りたりするステイクホルダー（利益関係集団）にウィン・ウィンの価値をもたらすものでなければならない。それは、企業の社会的責任（CSR）を唱えるような名

*NOTE*

目的なものではなく、ビジネスを通じて生み出される実質的な価値でなければならない。ここにバリューチェーンとサプライチェーンのちがいがある。

### (3) アウトソーシングの発想

ビジネスモデルは、起業をめぐるアンバランスな状態を解消し、起業を実現するためのテコの役割を果たすことがもとめられる。そのひとつが、バリューチェーンの提示であったが、同時に、起業機会に合わせて、必要な資金や人材などを調達する仕組みを描くことが大切である。このふたつは表裏一体で、サプライチェーンの各過程で不足する機能を、ステイクホルダーとの間で補完して、相互に利益を生む関係を築かなければならない。

そのために、サプライチェーンでは、不足している経営資源をアウトソーシングする、外部資源の活用という発想が重要である。技術力が不足している場合には、大学や公的な研究所の助けを借り、製造のノウハウや設備がない（「ファブレス」という）場合には、協力企業を探して、製造を外注化しなければならない。

また、販売網がない場合は、ITを活用したネット通販を選択したり、代理店や流通チェーンの仕組みも利用する。そして、人材については中途採用者を活用する。

## 第4節　マーケティング戦略の重要性

ビジネスモデルでは、自社利益（P－C）を生みだすために、顧客や他のステイクホルダーにとっての利益も、同時に追求しなければならない。したがって、起業プランでは、顧客価値と自社利益をつなぐ仕組みをつくり、どのような顧客（取引先も含む）に、どのような価値を、どのように提供するか、ということを明確にしなければならない。そのためには、「マーケティング戦略」が重要になる。

### (1) マーケティング戦略の枠組み

マーケティング戦略と経営戦略の枠組みは同じであるが、マーケティング戦略は、目標と手段の組み合わせというタテ軸の概念と深く結びついている。

マーケティング戦略の目標は、経営理念やミッションのような長期的な企業目標に関係するが、その長期的目標の具体化のために、新製品の開発やマーケットシェアの向上など、限られた個別目標が置かれる。そして、この個別目標の達成のために、

マーケティングミックスが必要になる。

　代表的なマーケティングミックスは、「4P」とよばれる Product（製品）、Price（価格）、Place（流通網）、Promotion（広告・販売促進）の組合せであり、それぞれが個別の手段をもっている。たとえば、Promotion に関するミックスは、さらに、個別の広告戦略や販売促進戦略などに分解される。そのうちの広告戦略は、またさらに、テレビ・新聞・インターネットなどのミックスとして企画・実行される。

### (2) 起業機会を生みだす仕組み

　マーケティング戦略も、起業をめぐるアンバランスな状態を解消し、起業を実現するためのテコの役割を果たしている。マーケティングは、市場分析に役立つから、未開拓の市場を発見し、競争の少ない魅力的な市場を選択し、既存市場で、ユニークなポジショニングを獲得するためのツールとなって、起業機会を創出する。

　そのために、マーケティング戦略には、「だれに」、「なにを」売るかという標的（ターゲット）市場の設定に関する手法がある。たとえば、「だれに」売るかについては、市場細分化の手法があり、① 地理的（地域・人口・気候）、② 人口統計的（性別・年齢・職業・所得・学歴）、③ 心理的（ライフスタイルや性格・価値観）、④ 行動的（使用頻度・ブランドロイヤリティ）などの基準がある。

　そして、市場ポジショニングとは、市場で競争上有利になる適所を選ぶことであるが、そのために、「なにを」売るかという製品コンセプトの検討がくり返される。

### (3) 夢を実現する仕組み

　マーケティング戦略は、夢を実現する仕組みとして使える。起業家は、なぜ事業を起こそうと考えたのか、について明確な答えを用意しなければならない。夢を語ることは非常に大切で、それにより周りの人間を巻きこみ、不足している資源を補い、起業を実現させる。しかし、夢が大きい割に、それを実現する手段が見えないときには、アンバランスの解消のために、マーケティング戦略を活用する。

　ビジネスモデルのところで、事業機会と経営資源のアンバランス（図表7-1のヨコ軸）の解消について述べたが、外部環境と自社能力の関係について、マーケティングでは、自社の強みと弱みを、環境における機会と脅威との関係で検討する、「SWOT 分析」が使われる。強み（S：strength）を伸ばし、弱み（W：weakness）を克服し、機会（O：opportunity）を活かし、脅威（T：threat）

を避けることにより、少ない資源で大きなチャンスをつかむ戦略を探すのである。

また、夢の具体化には、全体的な関係性や方向性を見きわめるという「鳥の目」と、具体的で現実的な手段を組み合わせる緻密な「虫の目」が必要となる。

**(4) 修正の必要性**

起業プランは、「絵に描いた餅」や「単なる夢」ではないし、単純な予想や推測でもない。つまり、具体的で、達成可能な内容が必要である。内容は、起業プランを策定する時期や、起業プランが想定する期間により左右される。起業前と起業後のプランでは、その内容は異なるし、計画の前提となる期間によっても異なってくる。

また、プランが対象にしている範囲や内容によっても異なる。全体的なプランと個別プランでも、戦略的なプランと戦術的なプランでも異なる。このように、起業プランの内容は、状況により異なってくるから、そのたびに修正して、より適切なプランを作成するようにする。

## 第5節　まとめ

起業は、なにもないところから価値を積みあげていくことであるから、周囲を説得できなければならない。その説得材料になるのが、起業プランである。そのため、起業プランの作成には、経営戦略の基本的な枠組みを理解し、それをベースにして、ビジネスモデルやマーケティング戦略を作成・活用することが求められる。

ビジネスモデルは、サプライチェーンの過程であるが、顧客を創造して、利益を獲得するバリューチェーンの過程でもある。マーケティング戦略では、長期的な目標を立て、市場の動向や競合他社を知り、始めようとする事業や、提供しようとする製品のコンセプトを練り、ターゲット・カスタマー（目標となる主な顧客）を見きわめて、それらに必要な資源や手段を選択して、展開することが大切である。

《One Point Column》

### 大学 VC（ベンチャーキャピタル）

金融機関などに出資を募り、大学が設立した VC に出資させ、その VC が大学がかかわったベンチャー企業に投資を行うもの。大学のもっている先端技術を事業化して、新しいビジネスに育成させようとしている。

(1) 本章の内容を要約してみよう。

(2) 本章を読んだ感想を書いてみよう。

(3) 説明してみよう。

　① 起業プランの主な内容とは、なんでしょうか。

　② 顧客がもつ残余の価値と顧客満足とは、なんでしょうか。

　③ SWOT分析とは、なんでしょうか。

(4) 考えてみよう。事業機会と経営資源との間において、なぜアンバランスが生じるのか、を本文をもとに考えてみてください。

(5) 調べてみよう。アウトソーシング、またはマーケティング戦略の活用による起業の事例を調べてみよう。

経営学のススメ⑦

## 構想と実行の統一

　しばしば外食店などで経験することだが、店に入るとすぐに、アルバイトの女子高生が、カウンター越しに「いらっしゃいませ〜」「何にいたしましょうか」と黄色い声を張り上げる。メニューを見て食べ物を注文すると、必ずその直後には、すかさず「お飲み物は何になさいますか」とたたみかけてくる。同じ系列の店なら、顧客が誰であろうとも、いつでも、どこでも、同じセリフが繰り返される。すべてマニュアル規程どおりの無機質なセリフである。

　もちろん顧客の側は、無言で応対されるよりマシではあるが、それにしても「シナリオのセリフ」しか言わず、「余計」な会話をしない機械的な応対も不自然である。もっと自分のアタマで状況を判断し、自分の目で店内の空気を読んで、自分のコトバを使って、臨機応変に接客できないものか、と空しくなる。そこに、心の通わぬ空虚さを感じるのは、筆者のみではあるまい。

　もっとも、店の事情として「いつ辞めるかわからぬアルバイトの女子高生」を雇用するには、教育訓練する費用もかけたくないので、決められたセリフを機械的に反復させるマニュアル規程は不可欠なのであろう。おそらく「標準化した作業手順を明確にしておき、その通りのことをやらせれば、いつでも、誰でも、同じレベルの作業ができるし、作業ミスも回避できる」と考えたのであろう。つまり、これは経営者の構想したことを、その通りに現場の労働者に実行させるマネジメント（経営）であり、効果を発揮するのは、労働者の自律度・成熟度が低く、定着率の悪い職場だけであろう。

　この「構想と実行の分離」のマネジメントでは、どのような手順・方法で作業するのかを考えて決めるのは、経営者の側であり、現場の労働者には、ただ決められたマニュアル規程どおりに身体を動かすことを要求される。そこに前提にされている人間は、「言われたとおりにせよ」「余計なことはするな」と、上からの指示命令があれば、牛馬のように他律的に動く他律人モデルである。歴史を振り返れば、これは1900年代初頭のテイラー（F. W. Taylor）の古典的経営学の世界である。

　テイラーの考案した「作業指図票」は、具体的な作業に要する手順・速度・道具などを詳細に記入しており、現場の労働者には何も考えさせず、ただ指図票の指示するとおりに身体を動かすことを要求している。労働者に対する動機づけは、おもに金銭でおこない、経営者の決めた作業量の達成に向けて労働者を駆り立てた。このような他律人モデルを前提にした「構想と実行の分離」のマネジメントは、必ずしも生産性が向上せず、すぐに行きづまり、新しい模索が開始された。

1930年代になってから、ホーソン実験など一連の心理学的な調査研究を通じて、働く側の気分・感情を重視した新しいマネジメントの考え方がメイヨー（E. Mayo）やレスリスバーガー（F. Roethlisberger）などから提起された。すなわち、それは関係欲求・社会的欲求に強く動機づけられる社会人モデルを前提に、集団に作用する非論理的な気分・感情を利用して組織メンバーを刺激する、いわゆる「人間関係論」の登場である。そして、この理論にもとづき、提案制度、青年重役会、社内報など「一体感」「帰属感」などの醸成を意図した各種の管理方式が導入され、広く浸透した。

　そして、現代では、バーナード（C. I. Barnard）やサイモン（H. A. Simon）など現代組織論をベースに、組織の共通目的の達成過程が、同時に組織を構成する個々人の動機満足（欲求充足）の過程になる組織管理が追求されている。ここで前提にされている人間は、自由意志をもち、自分で判断し、自律的に意思決定し、行動する自律人モデルである。とくに自己実現欲求に動機づけられる自己実現人モデルが重視されている。

　そのような自律人モデル・自己実現人モデルを前提にすれば、「自分で考えろ」「自分で判断せよ」「自己管理せよ」と彼らの自律性・主体性に限りなく依拠したほうが、組織全体の生産性は向上する。

　かくして、「構想と実行の統一」のマネジメントが広く展開される。つまり、組織を構成する個々人は、信頼と尊敬のある組織風土の中で、自分で自分を統制できるので、組織の共通目的の達成過程が同時に個人の自己実現欲求の充足過程となる制度・仕組・システムを構築すればよい、ことになる。そして、「目標管理（MBO）」「小集団管理」「QC活動」などの仕組・制度が登場する。

　21世紀の現代社会において、いまだに他律人モデルを前提にして「現場の労働者には何をどうすればよいかをこと細かに指示・指図して働かせる」という考え方が根強い職場があるとすれば、それは前近代的なマネジメントと言うしかない。そこでは、「自律度・成熟度の低い人材」と「従業員満足度の低い職場」が再生産されるだけであろう。

（設問1）　経営学における「他律人モデル」「自律人モデル」とはなんですか。起業人材は、どちらのモデルに近いと思いますか。

（設問2）　なぜ「構想と実行の分離」のマネジメントでは生産性が向上しないのでしょうか。

（渡辺　峻）

# 第8章
# 起業家としての
# インディペンデント・コントラクター

ワーキング・スタイルの多様化が進んでいる。そして、キャリアの選択肢のひとつとして、起業や自営を考え、実践する人びとが登場している。

そのひとつとして、近年、インディペンデント・コントラクター（Independent contractor、以下 IC とよぶ）が注目されている。これを直訳すれば、「独立請負人」になるが、高い専門的な能力と豊富な経験を活かして、ある特定の企業との間で、その企業が行っている仕事の一部を請け負い、引き受ける契約を結んで、その企業に代わって、その仕事を遂行する個人の自営業者を指している。

現代は、多くの職業や仕事が、専門的な知識やスキルを必要とするようになるとともに、IC のように企業などの組織の制約を受けず、ひとりで働き、「仕事と生活のバランス」をとりながら生きていきたいと思う人びとが増加している。

本章を学習すると、以下のことが理解できるようになる。
① IC という働き方は、高い専門性と豊富な経験を活かし、企業と請負契約を結び、期間を限定して仕事を行うこと。
② 企業には、専門職制度という専門性を発揮する仕組みがあるが、IC は、この企業から独立して、請負人として働くこと。
③ 魅力的な IC という働き方にも問題があること、IC を続けるためには、IC 同士の信頼によるネットワークが不可欠であること。

## 第1節　「雇わず、雇われない」というワーキング・スタイル

### (1) IC の定義

IC とは、直訳すると、「独立請負人」となる。近年、IC は、海外だけでなく、日本でも、広く注目を集めている。それは、IC の「雇わず、雇われない」という新し

い働き方が、これまでのものと一線を画し、魅力的であるからである。

　IRS（アメリカ合衆国内国歳入庁）は、その特徴について、「雇用する側が、ICの仕事の遂行過程に対して統制する権利をもたず、仕事の結果に対してのみ統制する権利をもつ」と述べている。また、インディペンデント・コントラクター協会のHPの定義によれば、ICとは、「期限つきで専門性の高い仕事を請負い、雇用契約ではなく、業務単位の請負契約を複数の企業と結んで活動する、独立・自立した個人である」とされる。その特徴は、以下である。

(2)　3つの特徴

ICは、主に以下の3つの特徴がある（図表8-1）。

① 　ICには、高い「専門性」と、それを活用できる豊富な経験が必要である。企業のなかで、特定分野の業務を、少なくとも10数年以上の経験を積んだのちに、ICとして独立するという。したがって、労働市場では、豊かな経験にもとづくICの専門性が評価されている。

② 　ICは、企業と仕事の終了期限が決まった請負契約を結び、特定の仕事を引き受けて遂行する。企業との関係は、ほぼ対等な「請負関係」であり、雇われて働くという「雇用関係」ではない。したがって、仕事が完了すれば、その企業との関係は切れることになる。これが、「雇われない」根拠である。

③ 　ICは、このように特定の企業に依存せず、「独立」して、ひとりで仕事をする。たとえ、特定の企業からくり返し仕事の請負発注を受けても、その企業に従

図8-1　ICの3つの特徴

（筆者作成）

属することはない。そして、同じ時期に、他の複数の企業の仕事も請け負うことができる。

しかし、ICは、請け負った仕事の遂行のために、他人を雇うことはない。自由かつ自立的に生きたいために、自分ひとりでできる範囲でしか仕事を請け負わない。人を雇用すると、「雇用関係」ができて複雑になり、自分の意志だけで仕事ができなくなるおそれがある。これが「雇わない」根拠である。

### (3) 正社員やパートタイマーとのちがい

正規雇用の社員（正社員）とICのちがいは、どこにあるのであろうか（図表8-2）。

ここでは、以下の４点にまとめることにする。

① 正社員の場合、雇用契約を結び、企業に雇われ、その命（めい）を受けて仕事を遂行するのに対して、ICは、すでに述べたように、期限のある請負契約のもとで仕事を行う。

② ICと正社員は、ともに高い専門性が必要である点で共通している。しかし、ICは、企業のなかの特定の仕事だけを引き受け、そのために専門性を発揮するが、正社員の場合、特定の仕事だけでなく、企業の仕事を全般的に担当することが多い。つまり、ICの場合、特定の仕事にのみ専念するのに対して、正社員では、企業の人事異動によって、多様な仕事に配属される可能性が高くなる。

③ 雇用契約のもと、正社員は、基本的に単一の企業でのみ仕事を行う。これに対して、ICの場合、複数の企業と請負契約を結び、そこで複数の仕事を同時に遂行することができる。

④ 企業との関係であるが、正社員の場合、雇用関係にあるので、企業に従わなけ

**図表8-2　正社員とICの比較**

|  | 正社員 | IC |
|---|---|---|
| 契約のちがい | 長期の雇用契約 | 期限のある請負契約 |
| 仕事の配分 | 多様な仕事への配属の可能性 | 特定の仕事への専念 |
| 仕事ができる企業の範囲 | 単一の企業 | 複数の企業 |
| 企業との関係 | 従属的 | 独立的 |

（筆者作成）

ればならない。しかし、ICは、仕事の結果にしか企業の制約を受けず、自由であり、独立性をもっている。

つぎに、パートタイマー（アルバイト）とICについては、特定の期限内で仕事をする点で共通している。ただし、パートタイマーの仕事は、企業の制約を受けるとともに、どちらかというと専門性が低くて、だれでもできるものであるが、ICの仕事のほうは、仕事をどのように進めていくかは自分の裁量で行い、さらに専門性が高くなっている。この点で両者は異なっている。

## 第2節　ICの事例

それでは、どのような人間がICを行っているのであろうか。以下ではいくつかの事例をみていこう。

### (1) 税理士の事例

Aさんは30代の税理士を行っている女性であるが、独立志向が強く、大学卒業後、税理士資格を目指すべく、税理士事務所に勤務しながら、学習をすすめた。また、将来のことを考えて、現住所から比較的近いところにある大学院で会計学、税務の研究を行い、資格を取得している。その間、結婚し、子供を出産したが、自宅の一室をオフィスにして税理士事務所を開業している。育児・家事にも時間をとられるので、それを考えながら、クライアント（顧客）のために奉仕している。

### (2) マネジメント・コンサルタントの事例

Bさんは大学卒業後、外食産業に勤務していたが、数年たったところで、マネジメント・コンサルタントとして独立し、開業している。外食産業の企業と契約して、経営全般の改善策を提案し、実施をチェックしている。多忙なときには、部下となるスタッフを雇用したい気持ちにもなるが、いざ雇用するとなると、人件費などのコストもかかるので、現状では一人経営のほうが自由で、やりやすいと思っている。

### (3) 地域密着のアーティストの事例

衰退しつつある地域を盛りたて、元気づけるために活躍している若いシンガー（歌手）などが各地で見られるようになっている。まちや商店街の店舗に関係した歌を作

NOTE

曲するだけでなく、それを各種のイベントなどの場でみずから披露（ひろう）している。商店街や各種の協会・団体と直接契約を結んで、仕事を引きうけて、アーティストとしての自己実現も果たしている。この地域密着のアーティストは、地域にとってきわめて貴重な資源にもなっている。

## 第3節　企業組織からの自立

### (1) IC が注目される理由

IC は、近年において、広く社会の注目を集めているが、その理由を探りたい。IC が行う仕事は、これまでにも、重要な職業として分類されてきた。前述の IRS は、IC の事例として、公認会計士、税理士、医師、歯科医師、弁護士などの、専門的な資格をもつ人びとをあげている。このほかに、フリーの写真家、ファッション・モデル、造園家、フリーの翻訳家、IT プロフェッショナル、コピーライターなどであり、「フリーランス」といわれるものが、それにあたる。

IC が日本のみならず、アメリカやオーストラリアなどでも、国際的に注目を集めている理由は、その独特な働き方にある。これまで述べてきたように、専門性を活かし、独立して仕事を請け負い、自分の裁量で働けることである。そして、これと対極にあるのは、すでに述べた、企業に長期にわたって雇用される正社員である。

### (2) 専門性をもつ正社員の悩み

正社員について、もう少し考えてみよう。企業の組織のなかで、一般に、より上級の職位に昇進するにつれて、現場の仕事や業務から離れて、部下を管理したり、企業全体に責任を負うことになる。その結果、自分のもつ専門性を現場で発揮する機会は極端に減少する。たしかに、企業側に仕事の有能さを評価されて昇進することは、一面では、歓迎すべきことである。

しかし、多面においては、自分の専門性を現場で発揮できないことになり、不満が残る。とくに、高い専門性をもつ正社員であれば、責任が重くなるだけでなく、企業からの制約を強く受けることになる、上級管理職への昇進は、必ずしも率直に喜べず、ジレンマが発生する。

実際のところ、「ワーク・ライフ・バランス」を重視しているビジネス・パーソンも増えているのである。

### (3) 専門職制度の有効性と弱点

この種の問題を解決するために、これまで、多くの企業では、「専門職制度」を用意してきた。この制度は、管理職に昇進するよりも、あくまで自分の専門性を現場で発揮したい従業員のためのものである。この制度では、技師や主任技師といった専門職については、管理職と同じように、高い職位と報酬が用意されている。

しかしながら、この制度にも、弱点がある。たとえば、専門職に就くことで、企業の内外で、「部下を管理する能力がない」、「管理職にむいていない」というレッテルを貼られるおそれがある。したがって、現場で高い専門性を発揮するには、専門職という職位を提供するだけでは不十分である。

そこで、ひとつの企業に雇用される専門職ではなく、自由で独立した立場から、自分の専門性を活かす仕事を複数の企業から請け負う、IC が考案されたのである。これが、IC の本来の姿であり、企業の上級管理職とは対極的な働き方なのである。

## 第4節　IC の問題点

企業から独立して IC になり、企業とほぼ対等な関係で、複数の企業から仕事を引き受ける IC の働き方は、自由であり、魅力的でもある。そして、「ワーク・ライフ・バランス」を重視した生活を送ることができる。しかし、問題もある。独立請負人は、「自己管理」（セルフ・コントロール）の能力や精神が頼りであり、しかも、たえず、ふたつの誘惑にさらされている。

### (1) 専門職への誘惑

ひとつは、特定の企業に取りこまれ、その企業の専門職になりたくなるという誘惑である。企業内の専門職になれば、安定した収入を得ることができる。IC は、企業の制約を受けず、自由であるが、それと引きかえに、不安定でもある。請負契約を長期に保証してくれる企業が存在するわけでもない。複数の企業から、継続的に仕事を請け負う保証もない。したがって、企業内専門職の安定性を求めたいという誘惑が生じてくる。しかし、自信をもって、この誘惑に打ち勝つ必要がある。

### (2) 従業員雇用の誘惑

もうひとつは、従業員を雇用したいという誘惑である。たしかに、多くの人間を雇

NOTE

えば、より大きな仕事を請け負うことができる。それは、ICにとっても、発注する企業にとっても、利益になる。とくに、有能なICの場合、大きな仕事を依頼される可能性があるが、自分の能力だけでは限界があるので、仕事の一部を従業員に任せ、自分はやりたい仕事に専念したいと考える。

しかし、請負契約では、仕事のすべての責任はICにあるので、その仕事の質量が大きいほど、仕事全般の管理にかかわらなければならなくなる。したがって、人を雇って、このような仕事を請け負っても、それが、本人にとって必ずしも魅力的であるとはいえない。

また、たとえば、コピーライターのような、広告にかかわるICは、仕事が景気に左右されやすく、有能なICでも、契約数が上下する。好況のときには、契約数が増加するので、多数の従業員をかかえたとしても、不況になり、契約数が減少すれば、雇い入れた従業員のために、仕事を用意しなければならない。そうしないと、従業員を解雇しなければならなくなる。

したがって、ICは、このような誘惑を克服して、「雇われない」だけでなく、「雇わない」ことが肝要である。そして、どこまでも、ひとりで仕事と生活を楽しみながら行っていく姿勢が大切である。

## 第5節　信頼できるパートナーとのネットワークづくり

ICを続けるためには、自分自身の能力を伸長させるとともに、信頼できる仕事仲間（パートナー）をつくることが必要である。それでは、パートナーになる人材とは、どのようなものであろうか。

### (1) パートナーになりうる人材

パートナーとなりうる人材は、まず、以前所属していた企業にいる、かつての直属の上司、職場の同僚、同期などである。彼らは、同じ職場でともに経験を積んだ仲間であり、仕事の発注を行ってくれるかどうかにかかわらず、ICになるまで育ててくれた仕事仲間である。

つぎに、パートナーになりうる人間は、請負先の企業にいる。この種の仲間は、元の所属先の場合のように、まとまって大勢いるわけではなく、複数の企業に分散して存在している。このような信頼できる仕事仲間をもち、たえず情報交換を行うこと

で、ICとしての視野がより広くなり、仕事のチャンスもつくられる。
　さらに、ICのパートナーになりうるのは、同業者のICである。お互いを、仕事のパートナーとして扱うのである。そのような関係を構築しておけば、自分に合わない仕事であれば、そのICにまわすこともできるし、反対に、自分に仕事が回ってくる可能性もある。企業の側でも、仕事の遂行にとって望ましいならば、それにふさわしいICが引き受けることに異存はない。それで仕事がうまくいくと、そのICは、評価を高め、紹介したICも、評価が高まることになる。

### (2) パートナー関係の意味

　これら3つのパートナーは、ひとりのICを中心にして、互いに結びついている。まず、元の所属先は、このICに仕事を発注するか、他の請負先を紹介する可能性がある。また、他の請負先は、このICに仕事を発注し、これまで直接的には出合うことがなかった他のICとともに働く機会を与える可能性がある。
　そして、他のICは、別の請負先や別のICを紹介する。また、このIC自身もそのICに、元の所属先を紹介する可能性がある。このようにして、ひとりのICを中心にした、3者のネットワークができる。

### (3) ネットワークづくりの要点

　ところで、このようなネットワークができあがるには、かなりの時間がかかる。ICが非常に有能であれば、比較的短時間で構築できるが、多くの場合、長ければ5年から10年はかかる。とくに、ICが元の所属先以外から仕事を請け負う場合は、時間がかかる。なぜならば、その企業のなかには、元の所属先のライバル企業も含まれるからである。また、ICの同業者は、本来ライバルでもあるから、IC同士が仕事を紹介し合うのにも、時間が必要になる。
　とりわけ、ICが、独立してすぐに魅力的な仕事を請け負うことはむずかしいので、元の所属先から請け負うことが多い。独立したあとでも、その価値が高ければ、元の所属先から必要な能力であると評価され、発注を受けられるはずである。このように、元の所属先からの仕事が、独立して間もないICにとって、今後のネットワークづくりの土台になる。
　元の所属先から仕事を請け負い、着実に成果を積みあげたならば、その業界で一定の評価を得られるであろう。そうなれば、同じ業界の他社からも、仕事を請け負う機

NOTE

会が増え、多くの企業に必要なICになっていく。

また、自分と同じように働くICと出会い、情報を交換するなかで、お互いの能力を認め合えれば、IC同士のネットワークができあがる。さらに、自分の利益よりも、仕事の利益を最優先に考えて、どのICが請け負ったらいいのかという観点で、お互いに仕事を紹介し合えるならば、そこに、信頼のネットワークができることになる。この信頼のネットワークは、ICであり続けるための貴重な財産となる。

## 第6節　まとめ

ICは、起業家であり、特定の分野に高い専門性と経験をもち、企業と請負契約を結んで、ひとりで仕事と生活をともに楽しんでいける、自由かつ独立した働き方である。専門性が高い点では、雇用された正社員と共通した面をもっている。しかし、ICが企業と請負関係であるのに対して、正社員は雇用関係であり、その点では異なる。

近年、ICが注目を集めている理由は、企業から自立した存在であり、仕事の進め方や労働時間などを自分の裁量で決められることである。すなわち、高い専門性をもって、企業から仕事を請け負い、仕事だけでなく、個人生活も楽しめる、魅力的な仕事である。

ただし、ICには、請け負う仕事が安定的に保証されているわけではない。そのために、ICは、安定を求めて、企業の専門職として雇用されることもしばしばある。また、ICを維持・存続させるために、従業員をかかえて、規模を拡大したくなることもある。ICを続けるには、自分自身の能力を向上させ、信頼で結ばれたネットワークをつくることが大切である。

---

《One Point Column》

### 増加する合同会社の設立！

2006年の会社法改正で、合同会社の設立が認められた。その設立手続きが簡単で有限責任制であるので、設立数が増加している。アップルジャパンも合同会社なので、合同会社の認知度がアップしている。

NOTE

(1) 本章の内容を要約してみよう。

(2) 本章を読んだ感想を書いてみよう。

(3) 説明してみよう。

① IC とは、なんでしょうか。



② 請負とは、なんでしょうか。



③ 専門職制度とは、なんでしょうか。



(4) 考えてみよう。近年、IC は、社会で注目を集めている一方で、IC であり続けるために、社会のなかで、どのような関係を構築する必要があるのであろうか。その関係を構築するのに不可欠な要因を考えてみよう。

(5) 調べてみよう。ICという働き方が、どのような職業に広がっているのかを調べてみよう。また、具体的なある職業を例にして、そのなかでどのような人材（年齢、学歴、年収、配偶者の有無）が、ICになるのかを調べてみよう。

経営学のススメ⑧

# 組織風土の改革

　経営者が種々の改革を推進しようとする時、しばしば、ネックになるのが、古い「組織風土」という目に見えないカベである。

　「組織風土」と言っても、最終的には組織を構成する個々人の「意識と行動」の問題であるが、これが意外にも難問である。仮に、組織を構成する個々人の多くが、かたくなに旧来の「意識や行動」にこだわるならば、組織風土は少しも変わらない。確かに長年の生活の中で固定化された「意識や行動」を変更することほど難しいものはない。経営者が良かれと思って提案した制度・施策・取組も自己の固定化された「意識や行動」の変更がともなうものは、なかなか受け入れがたい。かくして、組織全体としての改革が少しも進展しない。さりとて、なりふりかまわぬ脅迫・強制・強行による改革はありえない。組織風土というネックに直面して、しばしば経営者は途方にくれる。

　個人の行動を規制する要因には、法律・定款・規則・慣行・慣習などがある。法律は、国会の決議で成立するので、その意味では改正することは簡単である。国の定めた法律には遵守する義務があり、違反すれば処罰されるので、いやでも個々人は新しい法律に従った新しい行動をせざるをえない。それは、法律という外発的な行為規範の果たす社会的機能である。

　法律にもとづく規則の改正も比較的簡単であろう。たとえば、労働法が改正されれば、職場の就業規則も変更せざるをえないが、それを労働局に届ければ、一応の手続きは完了し、あとはコンプライアンスの追求のみであろう。

　いちばんに厄介なのは慣行・慣習である。慣行とは、個々人の固定化した「意識と行動」であるから、ひとたび組織内に定着すると、それが反社会的・反法律的でない限り、変更することは国会の決議よりも困難である。慣行・慣習という内発的な行為規範を変更するには、個々人の内面の動機に働きかけて、この内面の固定化した動機を変えるしかない。

　レヴィン（K. Lewin）は、集団力学の研究で著名であるが、いくつかの貴重な実験・調査のひとつとして「個人の態度を変えるには個別的方法と集団的方法のいずれが効果的であるか」に関するものがある。具体的には「食習慣の変革の実験」として行われ、「牛の内臓を食べる習慣を身につける」「学生寮の白パンを黒パンに変える」「新生児に肝油（タラの肝臓の油）を飲ませる習慣をつける」などの変えがたい食習慣を取り上げて実験に取り組んだ。

　その課題の達成のために、実験ではつぎの３つの方法を採用し、比較検討した。

①　一人ひとりに個別的に食習慣を変えるように説明・説得した。
②　対象者を一室に集め食習慣の変更を講義方式で集団的に説明・説得した。
③　6～13人一組のグループを作り、自主的集団的に食習慣の変更を討論させ、その後で集団的状況において一人ひとりに自己の意思決定を表明させた。

この実験の結果、個々人のかたくなな態度を変えるには「自主的集団的に議論をさせて、意思表示させることがもっとも効果的である」ことが判明した。その理由として、つぎのようなポイントが指摘されている。

①　集団的な討議の過程で多くの意見が出たので、メンバーの視野が広がった。
②　集団的な討議の過程において個々のメンバーに新しい知識が身についた。
③　集団の中での自発的な意思決定の際には、新しい習慣の内容が実行できるものになっていた。
④　個々のメンバーが集団的な意思決定を受入れ、この新しい習慣を実行することが分かった。
⑤　集団による意思決定過程への参加が新しい習慣を実行する主体的意欲を高めた。
⑥　集団による意思決定を行ったが、その結果が新しい習慣を実行する強制力になった。
⑦　個々人の習慣を変えて定着させるには集団の力が必要とされた。

この実験結果が正しいとすれば、組織リーダーが集団の中の個人の「かたくなな態度を変える」ための対応は明白である。つまり、「個別的にくどくど説明・説得する」とか、「対象者を一室に集めて集団的に説明・説得する」よりも、「皆さんで変更策を考えて自主的に決めて欲しい」と集団的に討議させ、自発的に意思決定させればいい。

別な表現で言えば、組織風土の改革には、組織運営について民主化レベルをさらに一段と引き上げることが必要である。民主主義がある程度に定着・成熟し、自律人モデルを前提とする現代社会では、組織の中の個々人を、自由意思をもち、自律的に意思決定して行動する主体的な行為者である（自律人モデル）と捉えなおし、その自律性に頼るしかない。このためには、上述の集団的な討議と自発的な意思決定を前提とする民主化レベルを上げることが大切なのである。

（設問1）　起業したての時期は比較的自由な雰囲気であったのに、大きくなるにつれて企業には、本文で書いたようなことが発生してくる。あなたの関係する組織の風土を改革するための具体策を考えてみよう。
（設問2）　なぜ「組織風土」の改革に個人の自律性が重視されるのでしょうか。

（渡辺　峻）

# 第9章

# 「起業家社会」のための起業支援

　わが国では、「雇われて働く」というワーキング・スタイルが確立・定着し、雇われた人びとで構成された「従業員社会」になっている。

　しかし、近年の経済動向のなかで、「起業して働く」ことが、個人のキャリア開発にとっても、確実に有力な選択肢のひとつになってきた。また、社会全体にとっては、第4章でも述べたが、起業家の輩出は経済の発展や地域経済の活性化に大いに貢献すると考えられる。

　では、現在の「従業員社会」を「起業家社会」に変え、起業家の参入と活動を促進するには、なにが必要であろうか。起業を増やし、起業家を輩出させるには、どのような支援が必要であろうか。本章では、これらの起業に必要な支援の体制や内容などを考察する。

　本章を学習すると、以下のことが理解できるようになる。

① 起業の支援を行う主体として、国・地方自治体・金融機関・商工団体などがあり、起業に必要な情報・サービス・資金などを提供していること。

② 「起業家社会」への移行を制約している要因のひとつは、企業組織を支配している集団主義・画一主義・横並び主義などの組織風土であり、そこでは、個々人の独立・自律の志向が生まれにくいこと。そして、若者も同じような意識をもっていること。

③ 起業支援の事例として、横浜市の場合には、女性起業家・研究開発型ベンチャービジネス・社会起業家などに対して、幅広い支援を行っていること。

## 第1節　起業を支援する環境整備

### (1) 支援の主体と内容

　起業支援の第1の主体は、国の関係省庁や地方自治体である。わが国では、1990年代のバブル経済崩壊後から、国の重要な方針として、起業をめざす人びとを支援す

るための環境整備が推進されてきた。そして、国の取組みに連動して、地方自治体も産業政策・中小企業や小規模企業振興策として、起業全般に支援を展開している。

　第2の起業支援の主体は、金融機関である。銀行・信用金庫などの金融機関は、資金の側面から起業支援に乗りだしている。また、ベンチャービジネス向けの専門金融機関である、ベンチャーキャピタル（VC）も台頭している。

　さらに、第3の起業支援の主体は、各種の商工団体・経済団体である。商工会議所、商工会などは、起業を含む中小企業や小規模企業の経営を援助するなかで、起業支援の情報やサービスを広範に提供している。

　第4の主体は、起業の体験者である。とくに起業に成功した人びとが、起業支援の財団などをつくり、あとにつづく起業家予備軍のメンター役を担っている。これらの人びとは自分の経験を教えることで、起業の実現を指導・助言している。

　第5の起業支援の主体は、自治体などが設置しているインキュベーション施設（incubation center）である。「インキュベイト」（incubate）とは、卵をヒナにかえすことを意味しているから、起業を希望する人間を起業家に育成する場を、インキュベーション施設と呼んでいる。この施設には、インキュベーション・マネジャーが配置されており、起業家の育成にかかわっている。

　また、第6の起業支援の主体は、起業家の育成を目指している大学である。そこでは、起業論の講義、起業プランの作成実習、学内コンテストの開催、起業家による講演会などを行い、起業への理解と準備に努めている。

　以上のように、起業をサポートする機関は数多くあり、それぞれの立場から支援を行っている。

### (2) 「支援ブーム」から「本格的な起業ブーム」へ

　前述のように、1990年代のバブル経済が崩壊したあとに、起業を支援する各種の主体・取組み・制度が生成・発展し、起業の環境が整備されてきた。いまでは、起業に関心がある者は、だれでも支援を受けられるようになっている。

　そして、各種の支援主体も、さまざまな助言・指導や資金の提供をしてきたので、いわゆる「起業ブーム」が生まれ、また、支援をあと押しする「支援ブーム」もおきた。しかしながら、環境は整備されたものの、それほどには起業は増加していないのかもしれない。これは、「雇われて働く」というワーキング・スタイルが、わが国では依然として根強いことを示している。

NOTE

とはいえ、今後、経済のグローバル化がさらに進展し、国際的な規模で産業の再編成が進み、事業再構築とともに、労働力市場が国境を越えて流動化し、個々人の職業意識・価値観・人生観が多様化すれば、「起業して働く」ことが、キャリアの有力な選択肢としてクローズアップされることであろう。

わが国は、「雇われて働く」人間が多い「従業員社会」であるとともに、「起業して働く」人間が多数活動する「起業家社会」になるであろう。そして、わが国の21世紀の産業社会の持続的発展にとっては、「雇われて働く」人間と「起業して働く」人間の両者のバランスが、どうしても欠かせないのである。

## 第2節 「起業家社会」への移行を制約するもの

### (1) 少ない大企業からの独立・自立志向

「雇われて働く」という概念には、雇用された企業を中途で退職することなく、長期的に働き続けることが含意されている。このようなワーキング・スタイルのなかに、起業人材の増加を制約している要因がひそんでいる。

1990年代初頭のバブル経済崩壊後に、大企業では、事業再構築が進み、「雇用リストラ」が大規模に展開されて、若年層を含めた多数の人員が社外へ排出されてきた。しかし、そのような状況にあっても、自発的に企業組織から離脱し、独立・自立して起業する人びとは、必ずしも多数派にはならなかった。

なぜ、わが国のビジネス・パーソンに、独立・自立の志向が欠如しているのか。経済同友会の報告書『新事業創造立国の実現に向けて』(2004年) によると、これまでの大企業には、個人のチャレンジ精神を抑える制度・慣習・文化・風土があり、これが、起業や自営の選択をさまたげている、という。

長期にわたって、大企業では、終身雇用・年功序列の雇用慣行が根づいてきた。そこでは、働く人びとには画一性・同質性・横並び意識が重視されており、自律的なアクション (行動力) に欠ける傾向があった。

つまり、ビジネス・パーソンの自立・独立を制約している要因は、企業組織を支配している減点主義、前例主義、建前主義、集団主義などの組織風土である。したがって、組織のなかの個々人は、「チャレンジ精神が抑えつけられる」、「新しいことをやってみたいが、失敗すると評価が落ちるので心配だ」、「前例を尊重しすぎるため、新しいことができない」、「現状の打開にむけて建前だけを述べ、自分の本音を語らな

い」、となる。

　また、実際に、「現場の個人には、権限がほとんど委任されていない」、「組織的な対応が多くて、個人の思考が画一的で停止状態だ」、「自分のアイデア（創造力）が発揮できない」ようになっている。これは、いわゆる「大企業病」の症状である。

### (2) ビジネス・パーソンへの起業のすすめ

　このような組織風土のもとでは、ビジネス・パーソンが、独立・自立を志向して起業することはむずかしい。組織のなかの個々人に独立・自立の志向性をもたせるには、前述の組織風土をゆるやかに変える必要がある。これは経営者の責任ではあるが、個人の自律性・主体性・自発性を重視した組織風土と、その開発が望まれる。

　他面において、ビジネス・パーソンの側も、自分の人生は自分で切り開く気概をもち、自分の行いたいことを明確にして、自分の成長欲求や自己実現欲求の充足にむけたチャレンジ精神が不可欠である。そして、自分の志・将来の夢を具体的にイメージしてキャリアプランを作成し、その実行にむけて動くことである。先行き不透明で、変化のはげしい時代であればこそ、明確なキャリアプランをもつことが必要である。

　すでに、大企業神話は崩壊しており、会社組織に依存して生きることもリスキーなので、社内外のいろいろな場や機会を求めて、新しい生き方を模索している人びとが増加している。そして、「異業種交流の場に参加する」、「留学経験者とつきあう」、「MBAを取得するために、ビジネス・スクールに進学する」などを通じて、自分とは異なる価値観・職業意識に触れて視野を拡げ、起業の実現を、キャリアの目標のひとつにすることもできるであろう。

　これまでの自分が大きく変化して、起業がキャリアの選択肢になれば、あとは起業に挑戦するだけである。起業に自信のある人間ほど、いま所属する企業の仕事や報酬などに満足しているというが、このような人間こそ、そのための一歩を踏みだすことが期待される。

　起業はしたいが、社外に踏みだせない場合には、社内の経営資源を活用して「社内起業家」や「社内ベンチャー」として活動し、経験を積むこともできる。この経験は独立・自立の志向を高めて、起業へのはずみになる。

　このような経過を経て、ビジネス・パーソンは、起業へ進むことができる。多くのビジネス・パーソンは、企業組織と一体化しており、永らく会社人間として生きてきた。社会全体が起業家の活躍する社会へ移行するには、ビジネス・パーソンの意識と

行動が変わり、独立・自立志向をもつことが強く求められる。

よく知られているが、多くの総合商社・専門商社や、ソニーやリクルートのような自由度の高い会社では、「出る杭はいかす」の精神をもとにして、独立・自立の組織風土があり、起業・転職はごく普通に行われてきた。

大企業のビジネス・パーソンは、担当できる業務分野は、必ずしも広いとはいえない。しかし、かれらは深い専門性のほかに、幅広い人脈（ネットワーク）をもっており、それらを活かせば、起業の可能性は大いにある。

### (3) 若者をめぐる状況

一方、若者の側にも、起業を制約する要因がある。学生の多数派にとって、彼らの親は雇われて働いているから、暗黙の前提として、働くことは雇われることを意味している。したがって、大部分の学生の卒業後の進路は、「入社」、「就社」を意味しており、自営や起業を目指すことにはなっていない。そして、前述した大企業のビジネス・パーソンと同じような意識をもつ学生も多い。

しかし、中小企業の経営者を親にもつ学生の場合には、「雇われて働く」や「入社」も選択肢にあるが、なによりも、親のビジネスを継承することが有力な選択肢である。そして、新しい事業を起こすことも選択肢になっている。

要するに、身近に起業家・自営業者がいる若者ほど、起業や自営に対する抵抗感が少ない。彼らは、日常的に企業経営の現実を直接見聞きしており、それが抵抗感を少なくしている。

また、周辺に起業や自営で働いている人間がいれば、そのような人びとは助言や援助を与えるメンターにもなれる。要するに、本人を取りまく周囲の人の同意・賛同・激励が、起業の際に重要になる。

仮に「起業・自営は危険だから、やめたほうがいい」という助言が多ければ、起業・自営には進めない。逆に、「やってみて失敗しても、若いので得ることは多いし、もう一度チャレンジしてもいいのではないか」という助言があれば、その言葉が引きがねとなり、起業・自営を選ぶであろう。このように、若者の起業には、周囲の人びとの精神的なサポートが必要となる。

なお、今後起業する人びとが増えて、若者の周囲にモデルとなる起業家が多く見られるようになれば、起業へのハードルは、さらに低くなる。「あの人も起業し、まあまあうまくいっているようだ」という事例は、若者を大いに勇気づけるであろう。

*NOTE*

## 第3節　横浜市の起業支援の事例

### (1) 女性起業家の育成・支援

多くの地方自治体と同じように、横浜市も、「起業家の街」を目指しており、市の経済局が起業全般の政策を立案・実施している。そして、女性起業家の支援については、市の外郭団体が体系的な起業家育成プログラムを実施している。具体的には、起業前から起業初期までの段階（前期）と、その後の成長・発展を目指す時期の段階（後期）に分けて、それぞれに適合したプログラムを組み合わせている（図表9-1）。

まず、前期段階の流れを紹介しよう。ステップ1は、起業を行うかどうかを検討する「起業相談」で、希望者は電話で起業準備の相談を行う。ステップ2は、「準備開始」のセミナーである。起業についての説明を聞きたい人は、このセミナーに参加し、起業プランを作成するが、それは、基礎編、助走編、実践編で構成されている。

「基礎編」は、起業を考え始めた人のための入門セミナーであり、足固めの場となる。そして「助走編」は、事業計画書や資金計画書の作り方、マーケティングの基本を学習して、プランニングのベースを習得する。

さらに「実践編」では、すでに起業した女性から、資金づくりなど起業前後の実際的な体験談を聞くことになる。ただし、この段階では、起業プランはまだ完成していない。また、起業する際の疑問や不安を解決するために「起業チャレンジセミナー」

**図表 9-1　横浜市の女性起業家育成プログラム**

| ステップ | | プログラムの内容 |
|---|---|---|
| 前期 | 1 | 起業相談（電話） |
| | 2 | 準備開始セミナー（起業プランの学習と作成）<br>①基礎編　②助走編　③実践編 |
| | 3 | 女性起業家たまご塾（起業・会社設立のためのセミナー）<br>①起業プラン完成コース　②IT活用販促コース |
| 後期 | 4 | 拠点づくり（オフィスの提供） |
| | 5 | 女性起業家交流会（ネットワークづくり） |
| | 6 | 専門家面談による課題解決 |
| | 7 | 女性経営者による指導・助言（メンターとの交流） |
| | 8 | 新規事業の展開をテーマにした「横浜・女性経営者塾」 |

（筆者作成）

をあわせて開催している。

　ステップ3では、「女性起業家たまご塾」のセミナーに参加する。そこで、具体的な起業プランを完成させ、実際に起業に進むことになる。これには、前期の「起業プラン完成コース」と、後期の「IT活用販促コース」がある。

　前期の「起業プラン完成コース」は、競合分析や資金計画などを学習し、自分のプランを完成させる。そして、このプランを発表し、参加者同志で意見交換を行いつつ、毎回課題をもち帰り、次回までに対応策を考えて提出する。これを繰り返すことで起業プランを練りあげる。ここでは、起業という「志」を共有する仲間とのネットワークもつくられ、困難な時にたがいに支えあえるようにしている。

　そして、後期の「IT活用販促コース」では、起業と経営にとって、顧客の獲得とIT活用が重要であるとの観点から、売れるサイトづくりを学習し、HPのラフな原案を制作する。学習する主要な内容は、売りだす商品に対する顧客ニーズの検討、売りだす商品の良さや価値の伝え方である。

　ステップ3によって、起業プランを練りあげ、実際の「起業」や「会社設立」に至るが、このあとも、支援は継続される。経営に関する情報・経験が少ない女性に対して、起業後から成長・発展を目指す時期（後期）に至るまでのプログラムが用意されている。

　ステップ4は、「拠点づくり」の支援であり、起業をスタートさせるためのオフィスを提供している。具体的には、会員制シェア（供用型）オフィスを設置して、執務スペースや打ち合わせの場所を確保・提供している。

　ステップ5では、「交流する」をテーマに、女性起業家の交流会が開かれる。女性の起業家・経営者が集まり、新たなネットワークづくりにつなげるようにしている。

　そして、ステップ6は、専門家による面談であり、これにより、さまざまな「課題解決」をはかっている。起業では、マーケティング、人事、税務、法律などの経営問題に直面するので、解決のために、中小企業診断士による「女性起業家支援チーム」が編成され、個別の相談に応じている。

　ステップ7では、「先輩との交流」を目的に、女性経営者によるメンター事業が行われている。経験の浅い女性起業家は、先輩経営者との交流を通じて、指導・助言を受けることができる。

　最後のステップ8においては、「経営を学ぶ」をテーマに、「横浜・女性経営者塾」が開催されている。これは、事業の拡大を考えている人を対象に、新規事業の展開を

課題にしている。

　以上のように、横浜市の女性起業家に対する支援事業は行われている。各段階に応じたメニューが、よく整備されている。

### (2) 研究開発型ベンチャービジネスの支援

　つぎに、横浜市の研究開発（R&D）型ベンチャービジネスに対する支援事業を紹介しよう。現在、全国各地には、研究開発型ベンチャービジネスを育成・支援するためのインキュベーション施設が設置されている。そこでは、新製品・新技術の開発、大学・研究機関との共同研究の推進、さらに賃貸（レンタル）型事業拠点の提供、などが行われている。

　横浜市の場合、インキュベーション施設として、横浜市産学共同研究センター、横浜市新技術創造館、横浜金沢ハイテクセンター・テクノコアなどがあり、入居者は、各分野の専門家やインキュベーション・マネジャーの支援を受けることができるようになっている。

　この3つの施設は、いずれも大学などの研究機関が近隣に立地しており、それとの連携ができる環境にある。たとえば、前2者の施設は、理化学研究所が近くにあり、バイオテクノロジー分野の研究者が集積している。

　そして、金沢ハイテクセンター・テクノコアは、金沢産業団地に立地するが、その近隣には、横浜市立大学、関東学院大学、横浜市立大学病院などがある。

### (3) 社会起業家の育成・支援

　横浜市は、社会を変えるためのソーシャル・ビジネス（SB）の起業も支援し、企業やNPOと協働して、社会起業家を養成するメニューを準備している。ただし、起業相談に関しては、関内イノベーション・イニシャティブに委託している。

　NPO法人エティック（ETIC）は、わが国における社会起業家育成のパイオニアであるが、横浜ブランチが、"Yokohama Changemaker's CAMP"の個別支援プログラムを担当している。

　そして、資金面における社会起業家等応援事業として、横浜市内で事業をスタートする人びとを対象に、資金を助成する制度がある。また、横浜信用金庫による「横浜こみゅにてぃろーん」（融資）があり、社会起業家に対する資金助成が行われている。ちなみに、同金庫は、起業家や創業者のために、中小企業診断士による相談業

務、起業関連の融資業務、横浜市創業ベンチャー促進資金事業などにも取り組んでいる。

## 第4節　まとめ

　起業は、個人にとって自己を成長させるキャリア開発の有力な選択肢のひとつであるが、社会にとっては、経済を活性化させ、発展させるという意味がある。現在、起業のための環境は、国の方針もあり、大きく整備されてきている。

　わが国を、起業家の活躍する社会にするには、さまざまな起業支援や環境整備が必要である。起業支援の主体としては、政府・自治体・銀行・信用金庫・大学などがあり、主に、起業に必要な情報・資金・サービスの提供など総合的に支援を行っている。本文でも示したが、たとえば、横浜市の場合、豊富な起業支援のメニューを提示・提供しており、すでに、一定の貴重な成果もあげている。

　このように、起業の環境整備は進んでいるが、必ずしも起業人材は増加しているとはいえない。起業家の活躍できる社会に移行するには、少なくとも、ふたつの克服すべき課題がある。

　ひとつは、大企業においては集団主義的な組織風土がまだ残っており、大企業のビジネス・パーソンには独立・自立志向が少ないことである。もうひとつは、それと類似した意識が若者にもあることである。

　この課題を抜本的に解決できれば、わが国は、「起業家社会」に移行することができるだろう。それには、大企業のビジネス・パーソンや若者の意識変革が少し求められるであろう。

《One Point Column》

### インキュベーション施設

インキュベート（incubate）とは、卵をヒナに返すことだが、それになぞらえて起業希望者を起業家に育てる場をインキュベーション施設という。この施設は全国各地にあり、そこにいるインキュベーション・マネジャーが、起業家の育成を支援している。

(1) 本章の内容を要約してみよう。

(2) 本章を読んだ感想を書いてみよう。

(3) 説明してみよう。

① インキュベーション施設とは、なんでしょうか。

② 起業の「支援ブーム」とは、なんでしょうか。

③ 社内起業家とは、なんでしょうか。

(4) 考えてみよう。大企業のビジネス・パーソンの意識や行動が変わると、起業家社会に移行するとされているが、その理由や背景について、考えてみよう。

(5) 調べてみよう。あなたが住んでいる地域にある、インキュベーション施設や起業支援の主体とサービスについて、調べてみよう。

経営学のススメ⑨

## ベンチャーキャピタリストによる「伴走型支援」

　ベンチャービジネスに投資するベンチャーキャピタル（VC）の活動の担い手となるのが、ベンチャーキャピタリストといわれる人間である。このベンチャーキャピタリストによる伴走型支援が、大手金融系よりも独立系のVCで行われていることが注目されている。

　「伴走型支援」という言葉ですぐにイメージできるのは、目が不自由な人がマラソンを走る際の伴走者のことである。一緒に走ってもらうことで、目標地点に到達することができる。そして、マラソンランナーの身体の調子やその日の天候具合いなども総合的に判断しながら、伴走者は手助けしたり、場合によっては激励を行っている。

　要するに、伴走者がいることで、目の不自由な人は完走できることになる。これと同じことがベンチャービジネスにもいえるとし、とくに起業したての時期には、伴走型支援が必要なのである。

　1990年代の末頃以降、わが国でもこのような支援が起業したての、いわゆる創業期（スタート・アップの時期）の人びとを対象にして増加するようになっている。この時期は、よく知られているように、IT起業のブームであった。

　アメリカのシリコンバレーでは、ベンチャーキャピタリストは、起業したての企業に出資するだけでなく、取締役会のメンバーにもなることで、経営に関与し、そのなかで経営の支援を行ってきている。そして、このような支援つきの投資方法をとり入れた独立系VCがわが国においても生まれてきたのである。

　革新的な技術や製品をつくれても、起業や経営の経験とか、知識がない場合も多く、そのような起業家に寄り添って助言するのが、伴走型支援である。この支援によって失敗や挫折をすることなく、起業したての時期を通過し、そのなかには「新規株式公開」（IPO：Initial Public Offering）を果たす企業もでてくるわけである。

　主に、ベンチャーキャピタリストたちが、投資を行うとともに、このような伴走型支援を行う対象を選択する際の主な基準とは、どのようなものであろうか。よくいわれる主な基準とは、起業家の人間性と経営戦略である。伴走者として、企業づくりの最初から経営にかかわることになるから、実際に一緒に仕事ができる人間であるかに、どうしても関心が集まる。

　そして、一緒に仕事できるためには、起業家の人柄や本気度などといった人間性が気になってくる。それとあわせて、どのような事業を行い、どのような経営戦略をとることを考えているかが当然のことながら大切になる。

少額で起業するような場合には、投資先がオフィスを持っていないこともあるために、ベンチャーキャピタリストが自社のオフィスを提供し、たえず起業家に寄り添ってアドバイスするようにしている。要するに、ベンチャーキャピタリストは、いわゆる"メンター"の役割を果たしている。

　なお、大企業を退職せずに起業できるような仕組みを考え、実践しているベンチャーキャピタリストもいる。わが国の大企業は起業家となるような人材のプール（供給源）であるが（本章の本文なども参照されたい）、自分のアイデアを実行に移すことになると、所属企業を退職しなければならない。しかし、退職は回避したいと思っている人間もいる。

　かくして、ベンチャーキャピタリストのなかには退職せずに起業の体験ができる仕組みをつくっている事例もみられている。これは在職しながら行うものであるので、独立の企業を起こす起業ではなく、所属企業のなかでの新規事業の創造というべきものである。それは「社内起業家」（イントラプレナー）といわれてきたものである。

　わが国の大企業内部で新規事業を立ちあげる際には、スタートの時点で、ある程度考えられる範囲内で目標となる着地点が社内起業家には決められていることが多いが、ベンチャーキャピタリストの仕組みを利用すれば、資金もリスクもこのベンチャーキャピタリストが負担するので、比較的思い切ったことができるようになっている。

　この事例は、起業にあまり積極的とは思われない大企業のビジネスパーソンの実態をふまえて、かれらを起業にチャレンジできるように動機づけている。この種の伴走型支援が拡がっていけば、大企業をスピンオフして起業する人材が増えていくものと考える。

（設問１）　伴走型支援の意味を述べてきたが、伴走者のあり方とか、条件はどのようなものでしょうか。
（設問２）　伴走型支援のベンチャーキャピタリストの具体的な事例を調べてみてください。

（齊藤　毅憲）

# 第10章
# 経営学と起業

　本章では、「企業」、「事業」、「経営」、そして、「起業」というコンセプト（重要な考え方や概念）を検討し、それを通じて、経営学における「起業」の意味と位置を明らかにする。

　経営学は、その過去をふり返ると、主に、ビッグ・ビジネス（大企業）を主要な研究対象にして、成果をあげてきた。大企業の社会における位置、経済社会に与える影響を考慮すれば、それが主要な研究対象とされたことは、自然である。

　これに対して、数のうえでは圧倒的な多数を占めるスモール・ビジネス（小さな企業）についての研究は、相対的に十分ではなかった。そして、近年、起業支援の推進、ベンチャービジネスの振興などが主張されているにもかかわらず、これらが経営学の教科書において取りあげられることが少なかった。

　本章を学習すると、以下のことが理解できるようになる。

① 「企業」は、さまざまな特徴をもつが、衣食住などの生活領域のサポーターであり、人間社会の存続・発展に不可欠な機関や機構であること。
② 「企業」は、生産・加工・販売などの経済活動を行うが、それが「事業」であり、「事業」をうまく環境に適応させて、成功に導くのが「経営」（マネジメント）であること。
③ 「起業」は、企業（ビジネス）をスタートさせることであり、「経営」には、企業を生き続けさせるというサクシード（継続）が大切であること。

## 第1節　企業というコンセプト

### (1) 企業という組織体の特性

#### ① 成長・発達の場

　企業に「雇われて働く」ことが多数派を占める社会では、人びとは、少なくとも一日の約3分の1（約8時間）を企業で過ごし、企業の目的達成のために、「労働」、

*NOTE*

「職務遂行」、「勤務」を行う。労働とは、本来的に、人間がなんらかの手段・道具を用いて自然・社会に働きかけ、それを変更（生産・加工）することで、新しい富（物的財貨、サービスなど）を生みだす行為である。

その点で、人間の「労働」は、サルの本能的な行動とは異なっている。労働こそが、人間を狭義の動物から成長・発達させた大きな原動力である。ブラック企業でない限り、企業は、基本的に人間を成長・発達させる場であり、また、成熟した企業であれば、「生きがい」や「やりがい」を手に入れられる自己実現の場でもある。

② 生活者のサポーター

また、「雇われて働く」生活者の多くは、自分の労働力を企業に提供し、製品やサービスの生産・加工・販売などの経済活動に従事する。そして、それと引き換えに、企業から給与・賃金という経済的な報酬を受けとり、それを使って、企業が提供する製品やサービスを消費者として購入し、毎日の生活を送っている。

このように、生活者は、企業がつくる製品やサービスによって、豊かで便利な生活を行っている。そこで、企業は、行政、NPOなどとならび、生活者のサポーターとしての役割を果たしている。

③ ライフスタイルの変革者

生活者のグッド・ライフは、企業に大きく依存しているので、企業が提供する製品やサービスを変えれば、生活者の日常の衣食住のあり方も変容する。

企業は、競争のなかで経済活動を遂行しているので、生き残るためには、既存の主力製品のみに依存することはできない。たえず、新しい製品やサービスの開発に力を入れ、これを市場に送り出し、生活者の支持を得ようとする。逆に、生活者の側のニーズが変われば、企業もそれに対応した製品やサービスを提供し、生活者の支持を獲得する必要がある。

多くの支持が得られれば、生活者のなかに新しいものを利用するファッション（流行）が出現し、それが定着すると、そこに、新しい「ライフスタイル」（生活の様式）が創出される。ケータイやスマホのプロバイダーが、ライフスタイルの変革者（チェンジ・エージェント）になったことは、その一例である。

④ 生産的かつ創造的な機関

企業は、社会に役立つ良質で安価な製品やサービスをつくりだす機関や機構である。20世紀以降に急速に成長・発展し、巨大な企業の場合には、一国の政治・経済・文化にも大きな影響を及ぼしている。

NOTE

これらの企業は、生き残るために、たがいに競争しているので、投入した経営資源（ヒト、モノ、カネ、情報など）をムダなく使用し、それを良質な製品やサービスに変えて産出することが求められる。企業は、この投入と産出の関係を、能率的にコントロールする「生産的」な機関である。

　他面において、企業は、生活者の多様化・高度化したニーズ、技術革新、さらには、企業間競争の激化に対応するために、研究開発（R&D）を重視して、新しい製品やサービスの開発にも注力する。したがって、企業は、イノベーション（革新）にも力を入れる「創造的」な機関でもある。

　このように、企業は、収益をあげるために、既存の主力製品に依存すると同時に、将来の成長・発展のために、研究開発を重視しなければならない。

⑤　目標への志向性

　企業には、「経営理念」、「経営ビジョン」、「ミッション」などといわれる、達成すべき基本的な目標・目的がある。その内容は、企業により異なるが、規模が大きくなり、「社会的機関」、「社会的公器」の性格をもつようになると、高邁（こうまい）な社会性をおびた内容になる。社会との共存・共栄なくして、もはや、企業は存続しえないからである。

　企業は、この高邁で抽象的な目標・ビジョン・ミッションを意識しつつ、おかれている環境や、もっている経営資源を考慮して、経営戦略をつくっている。それを踏まえて、具体的な年次計画、事業部門の詳細な計画などが作成され、これらを達成しようという「目標志向性」がみられる。

　企業が目標を達成するには、このような全体的な体系が不可欠であるが、同時に、それを実行・実施する下位の組織づくりも求められる。その際、組織全体の目標や細分化した目標の実現に適合した組織をつくる必要がある。そして、これらの目標の体系や組織の研究が、経営学の中核になってきた。

⑥　ステイクホルダーへの奉仕

　企業が、大規模化して、「社会的機関」、「社会的公器」という性格をもつと、もはや、自社の利益追求だけでは、存続が困難になり、「社会との共生」や「企業市民」としての活動が望まれる。つまり、さまざまなステイクホルダーに対して、企業は奉仕・貢献しなければならない。

　そして、企業内で働く人びとには、雇用を保証し、仕事がしやすい環境を整備することが求められる。消費者には、満足できる製品やサービスを提供する必要があり、

株主には、高い株価や配当を提供できなければならない。

　また、企業は、地域住民に対して、地域の一員として住民と協力し、まちづくりに貢献することが期待される。さらに、政府（中央および地方）に対しては、法令を遵守し、利益をあげて、しっかり納税することが要請される。

　このように、ステイクホルダーとの関係を維持・発展させることが、大切である。それは、現代企業に求められている「CSR」（企業の社会的責任）である。

### (2) 経営面からみた企業の成長

　企業は、立ちあげてから成長する過程で、どのような経営課題に直面するのであろうか。

　起業する場合、数名の仲間と行うこともあるが、ひとりの人間によって行われる。これは、「1人企業」、「個人企業」であり、自分のみが出資し、自分ひとりで働くので、「所有、経営、労働」の三位一体の関係が成立している。ここでは、起業家は、所有者（出資者）であり、同時に経営者であり、さらに労働者でもある。

　起業家が、オフィス・工場・店舗を設け、そこに商品、機械、事務機器、備品などをそろえると、ここに「物的組織」が登場する。ただし、だれも雇用せず、ひとりで働くのであれば、そこに「人的組織」はない。

　このときの起業家の最大の課題は、提供する製品やサービスの購入者・顧客をいかに獲得するかである。売り物となる製品やサービスがあっても、「顧客の確保」ができなければ、遅かれ早かれ、起業は行き詰まるのである。

　そして、顧客が確保できても、少数であれば、売上げや利益があがらず、経営状況は苦しい。起業にかかる初期投資は、徐々に回収するにしても、製品やサービスの生産・販売に要した費用を回収できる「売上高の獲得」が急務である。それによって、「採算をとる」ことになる。このように、売上高が、かかった費用額を超えれば、経営的には、ひとつのハードルを越えたことになる。

　しかし、その後、顧客も売上高も減少し、採算ラインを維持できなければ、再び苦しい状況に戻る。したがって、採算ラインを上まわる売上高の獲得を可能にするだけでなく、それを継続できることが不可欠となる。この継続の段階に入れば、不安定な起業の状態を脱し、企業は安定軌道に乗る。ただし、売上高減少のリスクはたえずあり、前の第2の段階に戻るおそれがある。

　このように、スタートした企業が継続的に利益を出せる状態になれば、「とりあえ

ずの成功」から、「安定した経営」ができる段階に入る。具体的には、経営理念・ビジョンや年度の経営計画を作成したり、従業員の雇用による組織の構造化を行い、前向きに経営を展開できるようになる。もっとも、この段階でも所有と経営は、いまだ結合状態であり、起業家は所有者であり、経営者である。しかし、経営の協力者が現われたり、ファミリー（同族）を中心に、出資者になる人もでてくる。

かくして、この段階になると、所有、経営、労働の三位一体は崩れて、経営と労働が別の主体となり、仕事は経営者と従業員に分離される。さらに、従業員が数 10 名に増加してくると、起業家は、従業員を直接には監督せず、管理者を雇用して、間接的にコントロールする。そして、組織や各種の制度をつくるようになる。

そして、新しい製品やサービスの開発、新規市場への参入など、積極的な経営の展開が試みられる。新規事業の進出には、資金が必要になるが、多くの場合、金融機関からの借入れに依存する。また、企業規模のさらなる拡大を目指すのであれば、証券市場への上場化も考慮の対象になる。

しかし、この積極的な経営の展開による企業規模の拡大には、越えなければならない壁がある。それまでの「1 人企業」段階から脱して、スモール・ビジネス（小企業）の域に到達したとはいえ、さらにビッグ・ビジネス（大企業）へと成長するには、事業の拡大化・多様化、それにともなう資本や人材の調達など、高いハードルが多く存在している。

### (3) スモール・ビジネスの限界

町工場から大企業に発展した事例は多い。さらに、ホンダやソニーなどのように、成長を重ねて、グローバル企業になった事例もみられる。このように、スモール・ビジネスは、成長してビッグ・ビジネスになることが信じられてきた。そして、大企業を主に研究してきた経営学者も、疑うこともなく、これを正しいものとしてきた。

しかしながら、多くのスモール・ビジネスが、とりあえず成功を果たしたとしても、前述のハードルをビッグジャンプ（偉大なる飛躍）して、大企業に成長した事例は、企業全体のなかでは、きわめて少数である。そして、ハードルを越えた企業は、むしろ「例外的な存在」といえる。

それは、なぜか。とくに、「重厚長大」の産業分野の場合、経済の集中により、寡占体制が確立しており、この分野に参入するのに必要な最低限の初期投資額は、莫大な金額であり、また、既存の企業に比べると、新規企業の生産費用は、どうしても

絶対的に高額になってしまう。これらが、「参入障壁」として立ちはだかっているため、スモール・ビジネスが、ビッグジャンプして、同じ産業分野の大企業に成長・変身することは、きわめて困難である。

ただし、特定の狭い分野において、特殊な技術・素材・部品などを開発して、世界的な企業になっている事例は少なくない。また、情報・サービスなどの「軽薄短小」の産業分野では、比較的に初期投資額が少なくてすみ、また、企画・アイデアなど、ソフトの中身のもつ強みが商品であるから、浮き沈みは激しいが、大企業に成長する可能性は存在する。

ともあれ、「スモール・ビジネスは、成長してビッグ・ビジネスになる」という仮説には、一定の限界がある。

## 第2節 企業における経営の役割

### (1) 事業の実施と推進

企業は、製品やサービスを開発し、生産し、市場に送り出し、顧客に販売している。この活動が「事業」である。それは、生活者に受容され、衣食住などの生活のサポーターとしての役割を果たしている。「経営」とは、この事業を実施・推進する経営者・管理者（いわゆるマネジャー）の職務・職能のことである。つまり、企業が行う事業は、経営によって担われている。

そして、企業は、採算ラインを越える売上高を継続的に獲得できれば、その経営は「とりあえずの成功」から「安定軌道に乗った」といえる。つまり、経営は、事業の実施・推進の主体であり、その適否が企業の命運を左右する。そして、これまでの経営学は、まさにこの企業、事業と経営の問題を主に研究してきた。

### (2) 「サクシード」としての経営

経営の適否が企業の生存を左右するが、経営は、別の言葉でいい変えると、「サクシード」（succeed）のことである。サクシードとは、継続するという意味であり、そこには、それを可能にする努力や工夫の投入がある。サクシードの名詞は、サクセス（success）であり、わが国では「成功」と訳されることが多いが、「継続」の意味で理解したほうがよい。

企業の目標については、各種の見解や主張がある。本書の「生き学としての経営

学」の立場からいうと、企業の目標は、「構成員となる個々人が、幸福に生き続けること」である。この目標を達成しなければ、企業の利益・利潤もありえない。したがって、経営とは、企業の目標を実現する活動、つまりそれを継続するための努力や工夫の投入を実施・推進することである。努力や工夫の投入は、別の言葉でいうと、生き続けるために、"なんとかしてでも、うまくやっていこう"ということになる。

　企業の活動は「山あり、谷あり」であり、「浮き沈み」ははげしい。環境に適応しない経営が行われれば、事業は行きづまり、企業の存続も困難になり、そこで働く人々は路頭に迷うことになる。したがって、悪いときには、"なんとかしてでも、うまくやっていこう"、苦しいときには、"どうにかしてでも、がんばらなければならない"。これが、サクシードの意味である。

### (3) 変革力が期待される経営

　経営は、激動する環境にうまく適応して、事業を実施・推進することであり、その適否が企業の存続を左右する。企業は、生産的な機関として、既存の主力の製品やサービスを能率的に製造するとともに、とくに環境変化がはげしい時代には、創造的であることが大切である。つまり、研究開発を重視して、新しい製品やサービスの開発に注力する必要がある。そこでは、たえず事業の内容を再構築するというマインドとアクションが求められる。

　要するに、経営は、事業を新たに創造する主体として、変革力をもたなければならない。そして、たえず環境変化に適応することで、企業と、そこで働く個々人は、存続できる。その意味で、経営という仕事は、きわめて重要である。

## 第3節　企業と経営、そして起業

### (1) 「起業」をとりあげてこなかった経営学

　経営学は、20世紀の初頭に誕生して以来、大企業の経営について、多くの議論を行い成果をあげてきた。それに比べて、中小企業の経営や起業についての議論は、必ずしも十分ではなかった。

　大企業の社会に対する影響を考慮すれば、研究の焦点が大企業に集中したことも当然である。しかし、現在では、起業や自営も大きな社会的な関心を呼び、その議論も盛んに行われているが、経営学の入門教科書での扱いは十分とはいえない。

*NOTE*

### (2) 創業と守成のどちらがチャレンジングか

「創業と守成（しゅせい）は、どちらがむずかしいか」という言葉は、昔からあった。創業とは「起業のこと」であり、守成とは「起業のあとを受けて、基礎をかためること」である。

創業、すなわち起業は、企業の始まりであり、それは、「準備」と「起業した後」の時期からなり、起業家にとって、きわめてチャレンジングな時期である。スタートをどのように切るかは、守成に直接結びつくために、重要である。これに対して、守成は、起業に「とりあえず成功」した後の、「企業として確立され、発展するための時期」のことであり、起業時とは別の異なる状況に直面するが、同じようにチャレンジングなのである。

要するに、創業の時にも、守成の時にも、それぞれに課題があり、それらの課題を解決し、克服していかなければならない。もはや「創業」と「守成」については、どちらがむずかしいか、どうかの問題ではない。

### (3) 起業と経営の関係

それでは、起業と経営の関係はどういうことか。起業は、「準備の時期」と「起業した後の時期」のことであり、企業としてスタートをうまく切ることを意味している。これに対して、経営は、起業に「とりあえず成功」した後にくる「継続する」ことである。つまり、経営は、"なんとかしてでも、うまくやっていこう"という、企業の「サクシード（継続）」を意味している。

このように、スタートとサクシードが、起業と経営とを概念的に分ける指標である。しかし、スタートの時期にあっても、サクシードは支配している。起業当初の「顧客の獲得」、採算をとるための「利益の創出」と、「その継続」のための活動までの一連のプロセスが、サクシードそのものである。その意味では、起業も経営に含まれる。

そして、経営にも起業のときに求められた姿勢や態度が必要である。利益の獲得が継続し、「安定した経営」ができるようになり、企業が安定軌道に乗ったとしても、サクシードの心をもち続け、チャレンジングな起業時の姿勢や態度を忘れてはならない。「安定した経営」ができるようになったことで、自信をもつことは悪いことではない。しかし、過信しすぎて、手抜きをすることがあってはならない。また、変化する環境のなかにあっては、いざというときには挑戦しなければならない。

NOTE

ところで、起業と経営は、それを実行する人びとの育成に役立つ。それぞれのサクシードを実践するなかで、いろいろ考え、確かめる活動は、人材育成の機能を果たし、そのなかで起業家も経営者も鍛えられて、人間として確実に成長する。

## 第4節　まとめ

「企業」は、製品やサービスの開発・生産・加工・販売などの「事業」を行う。そして、企業は、個人の成長を与える場だけでなく、消費者の立場からみると、生活者のサポーターであり、さらに、ライフスタイルの変革者でもある。

また、企業は社会的には、生産的・創造的な機関・機構であり、ビジョンを達成する目標志向性をもち、ステイクホルダーに奉仕する役割と機能を果たしている。

「企業をスタート」させてから、「とりあえず成功」する発展のプロセスのなかで「事業」は、「経営」によって担われる。つまり、企業が行う事業を推進したり、変革するのが「経営」であり、それは、経営者・管理者（マネジャー）の仕事である。

「経営」とは、サクシード（継続）することと、そのための努力や工夫の投入であり、わかりやすくいうと、続けるために"なんとかしてでも、うまくやっていこう"となる。経営がサクシードであるのに対して、起業はスタートである。しかし、起業にも、このサクシードの考え方は支配しており、その意味では、起業も経営に含まれている。

終わりになるが、「生き学」としての視点からいうと、スタートとしての起業は当然大切であるが、企業として存続することがあわせて重要なのである。そして、事業と経営は、そのために必要となる。

《One Point Column》

### 女性のビジネス相談員を増やそう！

女性のビジネス相談員が、中小企業の経営者支援だけでなく、起業向けの相談のために、活躍をはじめている。女性の起業が増えている現在、その絶対数はまだ少ないが、女性の視点を活かすことが求められている。

(1) 本章の内容を要約してみよう。

(2) 本章を読んだ感想を書いてみよう。

(3) 説明してみよう。

① 創造的なものとしての企業とは、なんでしょうか。

② 「所有、経営、労働」の三位一体とは、なんでしょうか。

③ スタートとサクシードとは、なんでしょうか。

(4) 考えてみよう。本文から企業、経営、事業の３者の関係をまとめてみてください。

(5) 調べてみよう。あなたの周辺にあるスモール・ビジネスをとりあげて、成長のどの段階にあるかを調べてみよう。

**経営学のススメ⑩**

# どう考える？ 経営者・管理者と企業家、そして起業家

　マネジャー（manager）というコンセプト（考え方、定義）は、企業組織における階層面からみると拡がりのある意味をもっている。それは、具体的には上層の社長や取締役などだけでなく、中間に位置する部長や課長を経て、従業員（オペレーター）と日々接触して仕事を行っている係長、職長、チームリーダーなどといった現場レベルの人びとに対しても使用される言葉である。

　このマネジャーの行う仕事とか、役割が、経営（マネジメント）である。大規模な組織においては、社長や取締役などの「経営者」をトップ・マネジメント（またはマネジャー）、中間に位置する部長・課長をミドル・マネジメント（マネジャー）、下に位置する係長などのポジションをロワー・マネジメント（マネジャー）という３階層に分かれるという。

　そして、トップ・マネジメントの行う仕事や役割は、ミドルやロワーとは異なるところがある。ミドルやロワーは自分が直接担当している職場や部下をまとめているのに対して、トップは企業を代表して活動するだけでなく、企業全体の将来の方向性やあり方を構想し、決定していかなければならない、というちがいがある。要するに、トップは「経営者」であり、ミドル以下は経営者の意向にしたがって、それを実行する「管理者」である。

　マネジャーのもつスキルについて、① コンセプチュアル・スキル（企業の方向性やあり方を考え、構想すること）、② ヒューマン・スキル（人間関係を処理し、職場をまとめること）、③ テクニカル・スキル（オペレーターの行う現場の仕事もしっかり遂行できること）、の３つをあげる主張があるが、うえの説明に対応させてみると、経営者には②や③よりも①のほうがとくに求められる。これに対して、管理者には①よりも②と③の遂行が期待されている。

　そして、アメリカでは、経営者や管理者の行う経営の仕事を社会的な評価の高い「プロフェッション」（牧師、医師、弁護士と同格の専門的な職業）にしようとする努力が行われてきた。それは、専門経営者とか、プロ経営者といわれている。

　ところで、「企業家」（アントレプレナー）のほうは、経営者のタイプのひとつであり、正しい倫理観のもとで企業経営を行う人間であるとともに、革新（イノベーション）や創造性（クリエイティビティ）を重視する人びとであり、現状を打破し、経営方法を新しくしたり、新分野への進出や新製品の開発に意欲をもって取り組む志向性が強いといわれてきた。要するに、時代を先取りし、果敢に挑戦する気質をもつ経営者のこ

とである。

　企業家は、第１章の本文で述べた起業家の特徴である「コントロールの内的位置が高い」人間であり、自分の人生はみずからが切り拓いていくという考え方が強いと思われる。そして、おそらくは大胆にして、細心な神経の持ち主である。つまり、大胆に決定し、アクションをとるが、しかし、その前には細心な熟慮と配慮を行っていると見るべきである。

　このような企業家的な特徴は、変化の激しい環境で活動している現代の経営者にとっても不可欠なものになっている。変化の少ない環境では、これまで行ってきた経営や組織によって製品づくりをしても、経営者はそれなりにやっていけるが、変化のもとでは企業家的な特徴をもっていなければ経営することができないことは明らかである。

　さて、起業家（アントレプレナー）とはどのようなコンセプトなのであろうか。基本的には起業家は企業家とほぼ同じ意味をもっているといってよい。起業ブームやベンチャー企業の支援が盛んになるにつれて、わが国では「企業家」にかわって「起業家」のほうを使用するようになってきたように思われる。

　企業家と同じように、革新や創造性を重視する経営者が起業家であり、時代を先取りして、挑戦する気質をもっていると考えられる。そして、コントロールの内的位置も高いであろう。

　それでは、企業家とのちがいはどのようになるのであろうか。結論的にいえば、起業家は起業（または創業）したての「スタート・アップ」といわれる時期の企業家をさしている。スタート・アップ期を越えて、企業成長を実現したあとになっても企業家として活躍している経営者がいるが、起業家はスタート・アップ期の経営者、つまり「創業者」に限定されるとみるべきであろう。

（設問１）　経営者と企業家の定義上の意味をまとめてみてください。そして、起業家的な特徴をもたない経営者がいるかどうかを調べてみてください。

（設問２）　起業家と企業家の関係をかんたんな言葉で整理してみてください。

（齊藤　毅憲）

経営学のススメ⑪

## ビジネスの哲学──事業・企業における相反するふたつの条件の克服──

　名人といわれる刀工の造る日本刀は、ハガネの固さをもちつつも、しなやかで折れにくいという。このように相反すると思われるふたつの条件を同時にクリアした名刀を造りだすので、製作者は名人・名工として、その名を歴史に残すのであろう。

　この種の相反する条件は、製造工場においても同じく発生している。多種類の製品をつくるという製品の多種多様化と、単一製品を大量に製造できる生産の量的拡大化は、長い間、相反する条件とされてきた。大量生産の前提は単一製品であり、流通市場を席巻するために、この大量生産のニーズもあるが、他面において、消費者ニーズの多様化・高度化に応えるには、多種多様な製品を提供しなければならない。

　かくして、多品種の製品を同一の製造ラインにて大量生産する生産技術、いわゆる「フレキシブル生産システム」（FMS）や「混流生産システム」が新たに開発されて製造現場を変革してきた。これらのテクニカル（技術的）スキルもまた、相反すると思われるふたつの条件を高いレベルで同時にクリアして、歴史の舞台に登場している。

　ここでクリアしたというのは、相反するふたつの条件、つまり矛盾を解決し、乗り越えたということであり、「克服」といってもいい。また、それは弁証法での「止揚」（しよう、アウフヘーベン）という意味になるであろう。あい対立する考え方をいっそう高いレベルで統合するのが、止揚なのである。

　そして、ビジネス─つまり事業や企業─の経営には、この矛盾したものが同時に共存していることが多い。この同時共存を「アンビバレンス」（ambivalence）というが、これを克服することはイノベーションにもなる。

　ところで、ビジネスに必要なソーシャル（社会的）スキルの歴史も同じであった。古い考え方は、「組織と個人」は相いれない条件とされてきた。そこで、組織ニーズの実現のためには、組織を構成する個々人のニーズは軽視・無視・犠牲にされ、個人を滅私奉公的に組織に同化させるという集団主義が前提であった。

　しかし、現代組織論の特徴は、バーナード（C. I. Barnard）の組織均衡論に示されるように、組織の共通目的の達成（effectiveness）の追求と同時に、組織を構成する個々人の動機の満足（efficiency）を考慮に入れ、「組織と個人」の両者の異なるニーズを一体的に実現・統合する考え方として登場してくる。

　すなわち「組織と個人」の相反するニーズを、より高いレベルで統一するのが、現代組織論の基本パラダイムであり、バーナードのほか、アージリス（C. Argyris）の混合モデル論、マグレガー（D. McGregor）のY理論などは、その典型的な事例となる。

それらの議論は、組織のニーズしか視野になく、個々の組織メンバーの側の動機の満足を無視・軽視した古い古典的組織論に比べれば、はるかに進歩的なのである。

　このように相反する条件を克服し、止揚する視点が、ビジネス活動において不可欠である。田舎だから市場が狭くて無理だ、資金がなくて拡大はできない、などなど、沁みついた常識や固定観念を捨て、発想を転換すれば、無理難題に思われた対立的な諸課題にも必ず光明が射し、意外にも「コロンブスの卵」が足元に山積していることに気づくことであろう。

　激動の時代であるからこそ、ビジネスにおいて、相反すると思われる対立的な要因を相互に浸透させて、よりいっそう高いレベルで克服・止揚する視点が不可欠だと思われる。対立が対立のままに固定化されてしまい、それを克服・止揚する未来が見えないのでは、悲劇というしかない。名人の造った名刀は、そのことを、現代の私たちに教えてくれている。

　克服・止揚の道を進もう！　希望が見え、イノベーションが起こるであろう。

（設問１）　相反するふたつの条件はどのように克服し、止揚できるのかをまとめてみてください。
（設問２）　あなたがかかわっている活動や組織には、どのような相反するふたつの条件がありますか。

（渡辺　峻）

# グロッサリー
（用語解説）

## 第1章

**エクセレント・カンパニー**
　超優良企業の意味であり、1970年代後半に登場したコンセプトである。すぐれた企業の経営（マネジメント）とはどのようなものかを明らかにしようとした言葉である。もっとも、当時は日本企業の力強さとその基盤にある日本的経営の優秀性がグローバルな関心の的になっていたため、エクセレント・カンパニーの主要な特徴は日本的経営（Japanese Management）と共通性があると考えられた。そこで、エクセレント・カンパニーとは日本的経営の代名詞であるとのイメージを生みだした。しかし、バブル経済がはじけた後になると、日本的経営は不振の状態に陥ったので、エクセレント・カンパニーの座から転落する。

**達成欲求**
　心理学者マックレーランドの主張で有名になった欲求理論である。達成しようとする目標をできるだけ高目に設定して、その達成に向けてエネルギー、努力や工夫を投入しようとする人間の特徴をさしている。記録を良くし、つくろうとするスポーツ選手には、この欲求が強い人間が多い。いわゆる"チャレンジャー"である人間は、この欲求が強い。

**場数（ばかず）をふむ**
　経験を積むことの重要性を示した言葉。人間はある状況つまり場におかれ、そこで経験を積み、その回数が増えてくると、学習効果が働き、徐々にその場でしっかり活躍できるようになる。「ポストが人をつくる」という言葉も本文で書いたが、これも場数をふむことで得られるといってよい。

**大企業神話の崩壊**
　1955年（昭和30年代）以降の高度経済成長期に、企業は発展し、とくに大企業に就職すると、安定した生活が送れるとか、大企業はつぶれることがないという考え方が日本の社会に強く支配した。しかし、このような考え方はバブル経済が崩壊するなかで、消失していくことになる。大企業も倒産するおそれがあるし、大企業に就職しても、リストラにあって仕事を失うことになるからである。そこで、大企業は安定しているという考え方は崩壊してしまったのである。

**失敗**
　よく知っている言葉であるが、やり方や方法がまずかったり、目的の内容やたて方が十分でなかったために、当初考えていたとおりにならなかったことを意味している。この悪い結果になる、つまり"しくじる"ことであるが、失敗は成功の「元（もと）」、はじまりでもある。つまり、成功があるのは失敗があるからである。そこで、失敗を恐れてはならない。

## 第2章

**ベンチャービジネス**
　ベンチャービジネス (venture business) やベンチャー企業とは和製英語であり、アメリカでは「ニュー・ベンチャー」(new venture) と言われるが、強い起業家精神のもとに失敗を恐れず新しい製品・技術の開発に挑戦し、新しい業態・ビジネスモデルを創出・実践するなど、革新的な事業展開を行う中小企業のこと。

**大学発ベンチャー**
　大学の教員や学生などにより起業されたベンチャービジネスのことである。わが国でも、とくに技術系・理科系・医学系を中心にして大学の持つ知的財産(知財)を活かしたベンチャービジネスが誕生している。これに対して経営学部・商学部・経営情報学部・政策学部などのビジネス系におけるベンチャービジネスは少な

く、その推進・支援が求められている。

**企業発ベンチャー**

とくに企業が自己の持っている人材・資金などの経営資源を供出して起こすベンチャービジネスのことである。それは、「社内ベンチャー」や「企業内起業家」などもいわれている。

**社会起業家**

行政や企業が対処しづらい多様化・複雑化した社会的な課題・問題を、ビジネスの手法により解決することを志す起業家のこと。そして、解決を担う企業のことを「社会的企業」という。

## 第3章

**トリガー**

英語の"trigger"であり、銃などの引き金の意味である。したがって、起業のトリガーという場合には、起業を行うことになった直接的なキッカケになったものをいう。人生やキャリアのなかでのいろいろな出来事（経過や事情）によって起業することになるが、起業に直接につながった出来事をいう。

**ビジネス・スクール**

専門学校ではなく、経営大学院のこと。ビジネス系の学部教育を担うのは、経営学部・商学部・経営情報学部などであり、わが国では多数の大学に設置されている。これに対して、ビジネス・スクールは学部ではなく、学部の上に位置する大学院修士（マスター）課程で行われるビジネス系教育である。研究者や大学教員を養成するのではなく、ビジネスの現場で高度な専門職として活躍できる実践的な人材育成を狙っている。具体的には、経営者や専門的なスタッフ、あるいはマネジメント・コンサルタントの養成がビジネス・スクールの目的になっている。

**MBA**

経営学の修士号（Master of Business Administrationの略称）であり、ビジネス・スクールの修了者の称号である。アメリカではMBAの取得は、専門（またはプロ）経営者やマネジメント・コンサルタントなどのビジネス・エリートへの近道であるといわれてきた。わが国でも1990年代以降、社会人大学院でもあるビジネス・スクールが発展し、そこで学ぶビジネス・パーソンが増えている。

**メンター（mentor）**

いい師（先生）の意味であるが、助言者・指導者をこえた支援者としての役割をも果たしている。いわゆるスポンサー的な役割を遂行している。つまり、メンタル（精神的）なサポートだけでなく、物質的なサポートを行う場合もでてくる。メンターは同じ企業内にいる場合もあるが、そうではなく、外部にいる場合もある。いいメンターとの出会いは、人生やキャリアを変えるものになる。

**ワーク・ライフ・バランス**

ワーク（仕事）とライフ（生活）のバランスをうまくとっていくことが大切であることを意味している。ワークのほうが重視されすぎ、ライフが軽視されるようでは、なんのために働くのかという疑問がどうしても生じてしまう。ワークもライフも、両方とも楽しみながら過せることが大切であり、ワーク偏重にならないようにすることが経営者には求められる。貧しい時代には、ワークを重視しないと、生活の糧が得られなかったが、先進国になり、豊かさを感じられるようになっても、ワーク重視は変らず、ライフが軽視されている日本の現状は改善する必要がある。

## 第4章

**フランチャイズ・チェーン**

チェーン本部が、契約した加盟店に対して一定の地域内での独占販売権を与え、各種の経営指導を行って事業の拡大を図る方式のこと、またはその加盟店になること。コンビニエンスストアは、その典型例である。

**イノベーション**

経済学者のシュンペーターの用いた概念である。本来は生産技術の革新、新商品の導入、新市場・新資源の開拓、新しい経営組織の形成など、幅広いビジネス上の革新・刷新・新機軸を意味する。もっとも、日本では、しばしばせま

く解釈され、「技術革新」の意味に用いられてきた。

**M&A**

企業の合併（merger、M）と買収（acquisition、A）の方式のこと。企業（買収会社）が、経営の多角化や合理化などの目的で、他の企業（被買収会社）を買収して、自社に合併し、経営資源や権利義務を包括的に継承すること。それには、敵対的買収と友好的買収とがある。グローバル化のなかで国内企業どおしのものだけでなく、海外企業とのM&Aも当然発生している。

**シャッター通り**

かつて賑わいを見せていた商店街が、大規模小売店やショッピングモール、ロードサイド店の登場などに伴い、閉店せざるをえなくなり、シャッターを降ろしたままに、さびれた商店街に変貌していること。「歯抜け現象」や「更地化」などともいわれており、1割以上の店舗が閉店するようになると、商店街は衰退しているという。

## 第5章

**チャンス**

起業機会を「ビジネス・チャンス」の一種としているが、もともとチャンスとは「ふとした出来事」の意味であり、これから「偶然」とか「運」が生じ、そして、本文で使っている「機会」とか、「幸運」につながっているという。さらに、そのようなものが発生する「可能性」や「見込み」などの意味もチャンスにはある。しかしながら、チャンシー（chancy）という形容詞には、不確実な、あぶなっかしい、あてにならない、といった危険や冒険的な意味もある。ということは、機会とか、幸運とはいうが、危険や冒険という反対の意味があることになる。

**リノベーション**

イノベーションは革新であり、まったく新しいものをつくるのに対して、リノベーションは改善する、修繕する、などの意味であり、これまでにあったものを衣替えすることである。これに関連して、リニューアルも更新や再生の意味であり、いまあるものを活かしながら、新しいものにすることである。イノベーションを行うのはなかなかむずかしいが、リノベーションは発想やアイデアを少し変えるだけでも行うことができる。

**コミュニティビジネス**

地域社会で発生する各種の問題を解決しようとするビジネスのことである。CBとも略されるが、地域には福祉・教育・環境・マチづくり・文化など、さまざまな問題が発生している。しかし、行政の活動にも限界があり、それらを解決できない。また、企業も採算性がとりにくいために、参入することができない。ここに、CBが登場してきた背景がある。

**ハイテクベンチャー**

ハイテクは高度に専門的な技術分野のことであり、このような分野で起業した企業のことをいう。研究開発型企業とも共通しており、研究開発（Research & Development、R&D）を重視し、専門的な技術者や研究者の活動によって支えられている。技術の開発をメインの活動にして、製品の製造は他社に委託する"ファブレス"（工場をもたない企業）であることが多い。

**事業型NPO**

NPO（非営利組織）にも、いろいろなタイプがあるが、ビジネス感覚や経営的な考え方によって経営しようとしているNPOのことをいう。これまでのNPOには、このようなかたちで経営しようという考えが少なかったが、このタイプは採算性を重視し、活動が継続していけることを大切にしている。もっとも、NPOはもともと採算性のとりづらいところで活動していることも多い。

## 第6章

**資質論**

リーダーシップ論でもリーダーになる人には、それにふさわしい資質があるといわれてき

たが、これと同じように起業する人物には、それにふさわしい資質があるという議論のこと。つまり、この議論では、ふさわしい資質のない人物が起業するのは困難になるという。このような議論は「心理学的なアプローチ」といわれる。

**状況論**
　起業するには、本人の資質というよりも、本人を取り巻く条件次第であるという議論のこと。起業家はユニークな存在であり、それぞれに独特の個人的な背景・経験・歴史・出自などをもっており、このような個人的な背景を明らかにする必要があるという議論のことで、「社会学的なアプローチ」といわれている。

**関係づける能力**
　イノベーション(革新)の遂行にとって、ビジネスを取り巻く各種の要素を関係づけて組み合わせ、そこに新しい価値を創造することが不可欠である。経営能力だけでなく、イノベーションが起業には必要なので、この「関係づける能力」が起業にとって重要である。

## 第7章

**起業プラン**
　起業を具体化し実現するための計画書のことで、これを作成することが起業の第一歩である。プランの出来不出来が、ほぼ起業の命運を決めると言って過言でない。要するに、どのような起業を、どのように行っていくかについて、明確なイメージと計画をもつことが大切なのである。

**ビジネスモデル**
　関連する「事業システム」がすでに完成した事業の仕組みであり、できあがったものであるのに対して、ビジネスモデルはこれからつくりあげるものである。具体的には、ビジネスを展開する際の手法・仕組のデザインのことである。独自の手法については、知的財産権の取得も必要で、特許化の対象にもなる。

**顧客価値**
　顧客が、購入した商品やサービスに支払った金銭的な価値以上に感じる「お買い得感」「割安感」のこと。主観的な価値ではあるが、これがなければ顧客の購買動機は生まれないし、顧客満足も生じない。

**アウトソーシング**
　社内業務の一部を外部に委託・外注化すること。種々の制約条件の中で、費用対効果(コスト・パフォーマンス)から見て外部委託のほうが有利であると判断される時には、しばしば行われる。要するに、外部の経営資源を活用して、自社の業務を遂行してもらうことである。

**マーケティング**
　顧客のニーズを起点にして商品やサービスを「販売」(セールス)するために、市場環境において展開する一連の適応行動のこと。具体的には、製品・価格・広告・販売促進・物流などの諸活動を統合したり、組み合わせたりして、販売という目的を達成することになる。

## 第8章

**請負契約**
　一般的にいえば、個人や企業が他の個人や企業と対等な関係で契約を結んで、特定の仕事や業務を引きうけて、遂行していくこと。契約のなかに仕事や業務の終了期限が決まっており、その期限内に達成することが求められている。雇用契約のように相手側に雇われて働くわけではなく、期限内の仕事のやり方については、請負った個人や企業の自由裁量にゆだねられている。

**専門職制度**
　企業などの組織において、管理職などのマネジャーに昇進(プロモーション)するよりも、自分のもっている専門性たとえば、営業、研究開発、情報処理などの経験とか能力を発揮し、活かしていきたいと考えている人びとのために用意されてきた人事異動の制度である。これにより、企業内には、マネジャーと専門職という、ふたつのキャリア・パスがつくられてきた。専門職を選択すれば、自分の経験とか、能力を活かしてキャリアを送っていくことになる。

## フリーランス

英語では"freelance"であるが、わが国ではフリーランサーともいわれている。自由契約で仕事を行う人びと─本文102～103頁の事例のなか、作家、俳優、ルポライターなど─があげられる。インディペンデント・コントラクターには、専門的な資格をもった人びとだけでなく、このような自由な職業人のイメージをもつ仕事も含まれる。

## 信頼のネットワーク

仕事を行う際に大切なものは、他人とまったく関係をもたずにひとりで行う場合を除けば、関係者とのつながりを重視し、信頼の関係をつくりあげる必要がある。職場内でいえば、上司と部下との信頼や部下どうしの信頼がなければ、仕事が円滑にはできない。しかし、仕事をうまく行おうと思えば、信頼は関係する外部の関係者とも築いていかなければならない。とくに、ICのように、組織ではなく、個人で働く人にとってはこの外部の関係者との信頼づくりは大切なのである。

## 合同会社

2006年の会社法の改正によって、「有限会社」が廃止されるとともに、「合同会社」が新たに認められることになった。社員1名でも設立が可能であるとともに、全社員とも有限責任である。もっとも、持分の譲渡については、全社員の承認が必要である。取締役などの会社機関の設置は必要ではなく、これに関する規定はない。組織運営のルールは自由に決められるので、中小企業（スモール・ビジネス）に適しているという。実際に合同会社の形態をとる中小企業が、徐々に増加している。

## 第9章

## 起業家社会

第二次世界大戦後の企業の発展のなかで、わが国は「従業員社会」になってしまった。つまり、企業に雇われて働くというワーキング・スタイルが定着し、経営者の大半も同じように雇われて昇進した人びとなのである。そこで、オーナー（所有者）型の経営者は減少し、いわゆる"サラリーマン型"の経営者が一般的になっている。しかし、起業もキャリアの選択肢のひとつとして考え、起業志向の人びとが増加することが求められている。わが国をだれもが起業できる「起業家社会」にすることが21世紀の現在、要請されている。

## 出る杭はいかす

「出る杭は打たれる」という言葉がある。すぐれた能力などがある人間は、他人からうらまれるとか、出しゃばると足を引っぱられる、などの意味である。日本の社会には確かにむずかしいところがあった。「出る杭は打たれる」ので、「出る幕ではない」（出る場合ではない）といった言葉もあった。しかし、自律・自立性が重視される現在は、「出る杭はいかす」が大切であり、能力のある人間はその力を発揮してほしいし、主張のある人間はしっかり発言し、自分の意見を述べる必要がある。

## 減点主義

子どもを育てる時に減点主義をとると、子どもは減点されるのが恐くなって、消極的になってしまうといわれる。うまくいかず、失敗すると、評価がさがるので、前向きになったり、積極的に活動することができなくなる。このような減点主義の組織風土（カルチャー）が社歴の長い大企業や行政組織などにも支配していたのかもしれない。現在は、むしろ加点主義に転換し、働く人びとの積極性を引き出すことが求められている。

## 前例主義

社歴の長い大企業や行政組織などに支配してきた組織風土の一例であり、"前例がないので、そんなことはできない"とか、"仕事を行うときには、いつでもこれまでどのように行ってきたかに心を配っている"ことをさしている。新しい状況に前例で対応できるかどうかを早目に決着をつけ、対応できそうもない場合には、新たな対応を模索し、実行していかなければならない。

## 精神的なサポート

起業志向の人びとにはメンターの役割が大き

い。とりわけメンターの精神的（メンタル）なサポートは大切であり、かれらの行う助言や援助は、起業人材を激励したり、元気づけたりする。それは、場合によってきびしい反省や方向転換などのキッカケにもなる。

## 第10章

**社会的公器としての企業**

公器とは、おおやけ（公）のものという意味であり、企業は社会的にみて、株主だけのものではなく、このようなおおやけのもの、つまりみんなのものであるという考え。おおやけとは、要するに企業にとっては企業にかかわる各種のステイクホルダー（利害関係集団）のものであることを示している。出資者・株主、消費者、従業員、取引先などの関係会社、地域住民、行政などが主要なステイクホルダーになる。

**CSR**

企業の社会的責任（Corporate Social Responsibility）の意味であり、現代の企業はそれぞれのステイクホルダーに奉仕することで、責任を果たすことが求められている。企業には、各種のステイクホルダーが存在しているので、バランスをうまくとりながら責任を果たしていくことが大切である。たとえば、従業員は高い賃金を要求し、株主は高配当を期待し、消費者は高品質で安価な製品を求めている。経営者はこれらの利害のバランスをとりながら責任を果たしていくことになる。

**「所有・経営・労働」の三位一体説**

「1人企業」、「個人企業」の特徴を示している考え方をいう。ある個人がひとりで起業したとしよう。自分のお金を元手にして、企業をつくり、経営し、しかもだれも雇っていないとすれば、その個人は、所有者（資本の提供者）であるとともに、経営者であり、さらに従業員の仕事も担っていることになる。つまり、所有者であり、経営者であり、労働者でもあるという関係が成立している。この状態を「所有・経営・労働」の三位一体という。

**採算をとる**

わが国のビジネスの世界では、"とんとん"という言葉があったが、それは損得のバランスがとれている状態を意味している。また、この採算をとることの大切さを説明する言葉に「損益分岐点」（Break-Even Point）がある。

**参入障壁**

ある産業に新規に参入しようと思っても、きびしいカベができているために、参入できにくい状態になっていることをさす。膨大な設備投資を必要とする、「重厚長大」産業では新規に参入しようと思えば莫大な金額を負担しなければならないので、それがカベつまり障壁になってしまい、なかなか参入はむずかしいわけである。

## さらに進んだ勉強をする人のための読書案内

齊藤毅憲・渡辺峻編著（2016）『個人の自立と成長のための経営学入門―キャリア戦略を考える―』文眞堂

足立辰雄編著（2016）『ビジネスをデザインする―経営学入門―』ミネルヴァ書房

齊藤毅憲（2006）『スモール・ビジネスの経営を考える―起業主体の観点から―』文眞堂

井原久光（2001）『ケースで学ぶマーケティング』ミネルヴァ書房

松田修一（1997）『起業論―アントレプレナーの資質・知識・戦略―』日本経済新聞社

横浜市中小企業指導センター編（2003）『新版　起業に失敗しないための起業家読本』同友館

小野瀬拡（2007）『ベンチャー企業存立の理論と実際』文眞堂

J. A. ティモンズ著、千本倖生・金井信次訳（1997）『ベンチャー創造の理論と戦略』ダイヤモンド社

D. J. ストーリー著、忽那憲治・他訳（2004）『アントレプレナーシップ入門』有斐閣

川上智子・徳常泰之・岸谷和広編著（2009）『事業創造のための実践ビジネスプラン』中央経済社

田中淳夫（2004）『田舎で起業』平凡社

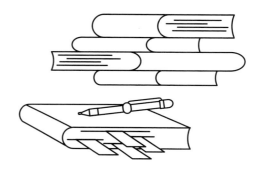

# 索　引

### 数字・欧文略語

4P　92
CSR　90, 130, 148
Cerca Travel 社　19
ICT　60
M&A　45, 145
MBA　30, 31, 144
SWOT 分析　92
WTP　90

### あ

アウトソーシング　91, 146
生き学（イキガク）　9
出雲充　17
井上ゆり子　19
イノベーション　5, 43, 48-51, 74, 77, 78, 129, 139, 144
イノベーション／経営モデル　74
岩槻知秀　16
インキュベーション施設　114, 120, 121
インダストリー・パス　8, 31
インディペンデント・コントラクター　76, 99, 100
請負契約　101, 146
宇田智子　20
ウララ　20
売上高の獲得　130
エクセレント・カンパニー　3, 143

### か

会社人間　3, 4
外発的な要因　32
かものはしプロジェクト　21
川添高志　22
関係づける能力　78, 146
管理者　139
企業家　139
起業家　139

起業家社会　113, 115, 147
起業家精神　1, 5
起業機会　57
企業発ベンチャー　144
起業プラン　5, 85-88, 146
キャリアプラン　116
クライアント　76, 102
黒坂由美子　18
ケアプロ株式会社　22
経営　132
経営学的なアプローチ　74
経営戦略　87
経営者　139
経済成長　50
研究開発型ベンチャービジネス　120
減点主義　147
合同会社　107, 147
高度経済成長　2
顧客価値　90
顧客の確保　130
小作人　2
駒崎弘樹　21
コミュニティビジネス　61, 145
雇用の創出効果　48
雇用ポートフォリオ　4
雇用リストラ　3
コンセプチュアル・スキル　139
コントロールの外的位置　6
コントロールの内的位置　6

### さ

採算をとる　130, 148
再チャレンジ　9
サイモン　98
サクシード　132, 134
誘い（引き）　76
サプライチェーン　89-91, 93
士業　31
サンドバーグ　69
参入障壁　132, 148
事業　132
事業型 NPO　61, 145
事業システム　89
自己管理　104
自己実現人モデル　98
自己への信頼　63
資質論　71, 145

資質論的なアプローチ　71
市場細分化　61, 92
志太勤　83
失敗　143
社会起業家　20, 61, 120, 144
社会的公器としての企業　129, 148
シャッター通り　145
社内起業家　116, 126
社内ベンチャー　18, 116
従業員社会　115
終身雇用　2-4, 115
シュンペーター　74
状況論　146
状況論的なアプローチ　73, 76
職務充実　47
「所有・経営・労働」の三位一体説　148
自律人モデル　98, 112
新規株式公開　125
人的ネットワーク　33
信頼のネットワーク　147
衰退産業　62
鈴木健吾　17
スタート・アップ　140
ステイクホルダー　90, 91, 129, 130, 148
スマイルズ社　17
スモール・ビジネス　131
生産性向上運動　2
正社員　101
精神的なサポート　147
積極的な押し　76
専門職制度　104, 146
前例主義　147
組織風土　111
ソーシャル・イノベーション　23
ソーシャル世代　13
ソーシャル・ベンチャー　21, 23

## た

大学発ベンチャー　18, 34, 143
大企業神話　2, 4
大企業神話の崩壊　143
大企業病　116
ターゲット・カスタマー　93
達成欲求　6, 72, 143
他律人モデル　97
男女共同参画　36
チャンス　145

チャンスの活用行動　35
チャンスの二重性　35, 77
賃金労働者　2
ディー・エヌ・エー社　16
ディズニー　75
ティモンズ　74
テイラー　97
テクニカル・スキル　139
デジタルネイティブ世代　13
出る杭はいかす　147
転機　34
遠山正道　17
トリガー　29, 34, 144

## な

内発的な要因　31
南場智子　16
日本的経営　3
年功序列　2-4, 115

## は

ハイテクベンチャー　145
ハイリスク・ハイリターン　7, 15, 23
場数（ばかず）　8
場数をふむ　143
働き方文化　50
バーナード　98, 141
バブル経済　3, 4
バリューチェーン　90
伴走型支援　125
ビジネス・スクール　30, 31, 64, 116, 144
ビジネス・チャンス　57, 59, 61
ビジネスモデル　44, 89, 90, 146
非正規雇用　4
ヒューマン・スキル　139
平尾丈　41
ファブレス　91
藤沢武夫　75
プッシュ要因　30
不満の解消行動　34
フランチャイズ・チェーン　43-45, 51, 144
フリーランス　103, 147
プル要因　30
プロモーター　76
フローレンス　20
ベンチャーキャピタリスト　125
ベンチャーキャピタル　114, 125

# 索引

ベンチャービジネス　7, 18, 143
堀場雅夫　55
本田宗一郎　75, 79

## ま

マーケティング　146
マーケティング戦略　91, 92
マーケティングミックス　92
マックレーランド　6
三橋滋子　77
ミドルリスク・ミドルリターン　7
「身のたけ」起業　18, 20
村田早耶香　21
村田まり　42
メイヨー　98
メンター　33, 37, 76, 144
目標志向性　129

## や

雇われて働く　1
ユーグレナ社　17

## ら

リノベーション　145
類型論的なアプローチ　73
レヴィン　111
レスリスバーガー　98
レバレジーズ社　15
労働移動の時代　4
ロビンソン　78

## わ

ワーク・ライフ・バランス　36, 103, 144

**編著者紹介**（五十音順）

**齊藤 毅憲**（さいとう たけのり） 第1、3、4、5、9、10章担当
　横浜市立大学客員教授、名誉教授、商学博士
　放送大学客員教授

**渡辺　峻**（わたなべ たかし） 第1章担当
　立命館大学名誉教授、経営学博士

**著者紹介**（五十音順）

**馮　晏**（ヒョウ イェン） 第2章担当
　横浜市立大学非常勤講師、博士（経営学）

**井原 久光**（いはら ひさみつ） 第6、7章担当
　東洋学園大学現代経営学部教授

**吉成　亮**（よしなり あきら） 第8章担当
　愛知工業大学准教授、博士（経営情報科学）

新しい経営学 ②
自分で企業をつくり、育てるための経営学入門
──起業戦略を考える──

2017年1月20日　第1版第1刷発行　　　　　　　検印省略

編著者　齊　藤　毅　憲
　　　　渡　辺　　　峻
発行者　前　野　　　隆
発行所　株式会社　文　眞　堂
　　　　東京都新宿区早稲田鶴巻町533
　　　　電　話　03（3202）8480
　　　　FAX　03（3203）2638
　　　　http://www.bunshin-do.co.jp/
　　　　〒162-0041　振替00120-2-96437

印刷・モリモト印刷／製本・イマヰ製本所
© 2017
定価はカバー裏に表示してあります
ISBN978-4-8309-4913-5 C3034